# Speaking Activities

*(For any Day of the Week)*

Written By:
Thomas W. Alsop

Managing Editor:
Ryan R. West

Page Layout Artist:
Eric Paulsen

ISBN: 0-7560-0194-3
SKU: B566

©2005 Teacher's Discovery, Inc. These materials are protected by copyright law. For each purchased copy of this work, a limited license is granted each year to allow reproduction [of activity pages and masters] to one teacher for use with that teacher's class(es).

# FOR THE TEACHER

## OVERVIEW

Twenty-four chapters each feature a short story, grammar exercises, a comprehension section, a speaking section, and a written quiz about the chapter. Students learn to listen and re-tell the story, engaging in situational speaking while improving their communicative abilities. Each chapter ends with a quiz touching on the important aspects of the chapter. The grammar and vocabulary topics in each chapter focus on material covered in First Year Spanish.

## HOW TO

1. Select one of the twenty-four chapters in the book. Make a copy of all four pages of the chapter for each student.
2. Distribute the first three pages of the chapter to the students.
3. First page: Read *Escuchemos la historia* (Let's listen to the story), aloud to the class, while they follow along. Recite the conjugations of the verb in the *Repasemos* section, or, if the chapter features *El vocabulario*, recite the vocabulary words. Ask the questions under *Contestemos* and have the students volunteer answers in Spanish. Then, read the story aloud again under *Escuchamos otra vez*.
4. Second page: Students work in pairs. They complete all the speaking exercises on the page aloud.
5. Third page: Students work in groups of two, three, four, or five, as indicated in the heading at the top of the page. They act out the skit under *Vamos a actuar*, then under *Vamos a escribir*, write and act out their own skit.
6. Distribute the fourth page of the chapter to students.
7. Fourth page: This page is a quiz. Students work alone without using the first three pages of the chapter, writing answers to all the exercises.

## TIME

Pages one and two: 15 minutes; page three: 30 minutes; page four: 25 minutes.

**ALSOP**

©2005 Teacher's Discovery, Inc.    www.teachersdiscovery.com

# INDEX

1. Mi perro Fito (las palabras interrogativas) ................................................. pages 1-4
2. La familia Gómez (el verbo tener) .......................................................... pages 5-8
3. La ropa de Julio y Concha ..................................................................... pages 9-12
4. La comida favorita de Felipe .................................................................. pages 13-16
5. Mauricio, de Marte (las partes del cuerpo) ............................................. pages 17-20
6. Pancho, el pintor (los verbos -AR, el tiempo presente) .......................... pages 21-24
7. Carlos, el gran corredor (los verbos -ER, el tiempo presente) ................ pages 25-28
8. Eduardo, el alpinista (los verbos -IR, el tiempo presente) ..................... pages 29-32
9. Diego, el meteorólogo (el tiempo) .......................................................... pages 33-36
10. Gabriel y Marta son novios (los sustantivos-los adjetivos) ................... pages 37-40
11. Teodoro, dueño de una isla ("tener que" más el infinitivo) .................. pages 41-44
12. Hortensia va a México (el verbo ir) ...................................................... pages 45-48
13. Chepe y Chepina van a viajar ("ir a" más el infinitivo) ........................ pages 49-52
14. Alicia, la cantante (el verbo ser) ........................................................... pages 53-56
15. Fabián está enfermo (el verbo estar) ..................................................... pages 57-60
16. Patricia sabe patinar en ruedas y conoce París
    (los verbos saber-conocer) .................................................................... pages 61-64
17. Tomás tiene sed (los modismos de tener) ............................................. pages 65-68
18. A Pancho le gusta la guitarra (el verbo gustar) .................................... pages 69-72
19. Pedro Pantera se acuesta en un árbol (los verbos reflexivos) ............... pages 73-76
20. Santa Claus les trae regalos (otros verbos irregulares) ........................ pages 77-80
21. Beatriz y Raúl quieren bailar (los verbos de cambio de raíz) ............... pages 81-84
22. Bárbara y Beto bailaron mucho el año pasado (los verbos -AR,
    el tiempo pretérito) .............................................................................. pages 85-88
23. Hace mucho tiempo que Víctor vendió periódicos (los verbos -ER,
    el tiempo pretérito) .............................................................................. pages 89-92
24. Cristóbal Colón descubrió América (los verbos -IR, el tiempo
    pretérito) ............................................................................................... pages 93-96

Respuestas .................................................................................................. pages 97-107

# 1. Mi perro Fito
## (las palabras interrogativas)

*Speaking Activities For Any Day of the Week*

### Escuchemos la historia
**Let's listen to the story.**

Déjenme hablarles de mi perro Fito. Fito está en casa. Vive en Guanajuato, México. Hoy es domingo. Fito descansa (**is resting**) en la cocina porque está cansado (**tired**).

### El vocabulario
**Repeat the interrogative words in Spanish.**

Qué, quién, cómo, cuándo, por qué, dónde.

### Contestemos
**Let's answer the following questions in Spanish.**

1. ¿Cómo se llama el perro?
2. ¿Qué es Fito?
3. ¿Dónde está Fito?
4. ¿Dónde vive Fito?
5. ¿Qué hace (**is doing**) Fito?
6. ¿Cuándo descansa?
7. ¿Por qué descansa?
8. ¿Dónde descansa?

### Escuchemos otra vez
**Let's listen to the story again.**

Déjenme hablarles de mi perro Fito. Fito está en casa. Vive en Guanajuato, México. Hoy es domingo. Fito descansa (**is resting**) en la cocina porque está cansado (**tired**).

Speaking Activities For Any Day of the Week

# Trabajemos en parejas

Name: _____
Date: _____
Class: _____

*Nos toca contar la historia*
**Take turns telling the story of Fito aloud with a partner.**

*Hablemos*
**Take turns saying and answering the following questions aloud in Spanish.**
1. What is Fito?
2. Where is Fito?
3. Where does Fito live?
4. How is Fito?
5. Why is he resting?
6. When does he rest?

*Describamos en español*
**Take turns describing the following characters in Spanish.**
1. a tu perro
2. a Fito
3. a un perro famoso

*Hagamos una pregunta*
**Take turns creating and answering questions using the following words.**
1. ¿cómo?
2. ¿cuándo?
3. ¿quién?
4. ¿qué?
5. ¿dónde?
6. ¿por qué?

©2005 Teacher's Discovery, Inc.   www.teachersdiscovery.com

**Speaking Activities For Any Day of the Week**

# Teatro-En parejas

Name: _____

Date: _____

Class: _____

*Vamos a actuar*
**Working with a partner, act out the following skit for the class.**
Narrador(a): Déjenme hablarles de mi perro Fito. Fito está en casa.
Fito: Estoy en casa.
Narrador(a): Fito vive en Guanajuato, México.
Fito: Vivo en Guanajuato, México.
Narrador(a): Hoy es domingo. Fito descansa.
Fito: Es domingo. Hoy descanso.
Narrador(a): Fito descansa en la cocina porque está cansado.
Fito: Descanso en la cocina porque estoy cansado.

*Vamos a escribir*
**Let's write a skit in Spanish.**
Narrador(a): _____
Fito: _____
Narrador(a): _____
Fito: _____
Narrador(a): _____
Fito: _____
Narrador(a): _____
Fito: _____

*Ahora vamos a actuar un poco más*
**Now act out your own skit.**

©2005 Teacher's Discovery, Inc.   www.teachersdiscovery.com

# Examencito escrito

*Escribe en español* (**10 points-2 points for each sentence**)
Escribe cinco frases sobre el perro, Fito.
_____
_____
_____
_____
_____

*Contesta en español* (**10 points-2 points for each sentence**)
1. ¿Qué es Fito? _____
2. ¿Dónde está Fito? _____
3. ¿Cuándo descansa Fito?_____
4. ¿Dónde descansa Fito?_____
5. ¿Por qué descansa Fito?_____

*Haz una pregunta* (**10 points-2 points for each sentence**)
Escribe una pregunta en español usando cada palabra:
1. ¿Cómo?_____
2. ¿Por qué? _____
3. ¿Qué? _____
4. ¿Quién?_____
5. ¿Dónde?_____

# 2. La familia Gómez
### (el verbo tener)

*Escuchemos la historia*
**Let's listen to the story.**
Déjenme hablarles de la familia Gómez. La familia vive en San Antonio, Texas. El padre se llama Guillermo. Su esposa (**wife**) se llama Silvia. Tienen dos hijos (**children**). El hijo se llama Chepe y la hija Chepina. Guillermo tiene seis hermanos (**brothers**) y dos hermanas (**sisters**). Silvia tiene cuatro hermanos y cuatro hermanas. Los abuelos (**grandparents**) de Guillermo y Silvia viven en México. Tienen muchos primos (**cousins**) y tíos (**aunts and uncles**).

*Repasemos el verbo "tener"*
**Let's review the verb "*tener*".**
Repitan en español.

| *tener*-to have ||
|---|---|
| tengo | nosotros/as ten-emos |
| tú tien-es | vosotros/as ten-éis |
| él, ella, Ud. tien-e | ellos/as, Uds. tien-en |

*Contestemos*
**Let's answer the following questions in Spanish.**
1. ¿Dónde vive la familia Gómez?
2. ¿Cómo se llaman el padre y la madre?
3. ¿Cuántos hijos tienen?
4. ¿Cómo se llaman los hijos?
5. ¿Cuántos hermanos y hermanas tiene Guillermo?
6. ¿Cuántos hermanos y hermanas tiene Silvia?
7. ¿Dónde viven los abuelos de Silvia y Guillermo?

*Escuchemos otra vez*
**Let's listen to the story again.**
Déjenme hablarles de la familia Gómez. La familia vive en San Antonio, Texas. El padre se llama Guillermo. Su esposa (**wife**) se llama Silvia. Tienen dos hijos (**children**). El hijo se llama Chepe y la hija Chepina. Guillermo tiene seis hermanos (**brothers**) y dos hermanas (**sisters**). Silvia tiene cuatro hermanos y cuatro hermanas. Los abuelos (**grandparents**) de Guillermo y Silvia viven en México. Tienen muchos primos (**cousins**) y tíos (**aunts and uncles**).

# Trabajemos en parejas

**Speaking Activities For Any Day of the Week**

Name: _____
Date: _____
Class: _____

*Nos toca contar la historia*
**Take turns telling the story of *la familia Gómez* aloud with a partner.**

*Hablemos*
**Take turns saying the following aloud in Spanish.**
1. Guillermo has one wife.
2. Silvia and Guillermo have two children.
3. I have three sisters.
4. I have two parents.
5. They have grandparents.
6. Silvia has four brothers and four sisters.

*Digámoslo en español*
**Have a conversation in Spanish with your partner using the following topics.**
1. Guillermo talks with his two children about their aunts.
2. You and two friends speak about your brothers, sisters, grandparents, cousins, aunts and uncles. Find out what each of them does every day.

*Preguntas y respuestas*
**Take turns forming and answering questions in Spanish based on the following cues.**
1. Ask your friend how many aunts/uncles he/she has.
2. Ask your friend how many grandparents he/she has.
3. Ask your friends how many cousins they have.
4. Ask your friend how many brothers/sisters he/she has.
5. Ask your friends where their parents live.
6. Ask your friends where their grandparents live.

©2005 Teacher's Discovery, Inc.     www.teachersdiscovery.com

# Teatro-En grupos de cinco

Name: _____
Date: _____
Class: _____

*Vamos a actuar*
**Working in groups of five, act out the following skit for the class.**
Narrador(a): Déjenme hablarles de la familia Gómez. La familia vive en San Antonio, Texas. El padre se llama Guillermo. Su esposa se llama Silvia.
Guillermo: Vivimos en San Antonio, Texas. Me llamo Guillermo. Mi esposa se llama Silvia.
Silvia: Me llamo Silvia. Soy la esposa de Guillermo.
Narrador(a): Tienen dos hijos. El hijo se llama Chepe y la hija, Chepina.
Chepe: Me llamo Chepe. Soy el hijo de Guillermo y Silvia.
Chepina: Me llamo Chepina. Soy la hija de Guillermo y Silvia.
Narrador(a): Guillermo tiene seis hermanos y dos hermanas. Silvia tiene cuatro hermanos y cuatro hermanas.
Guillermo: Tengo seis hermanos y dos hermanas.
Silvia: Tengo cuatro hermanos y cuatro hermanas.
Narrador(a): Los abuelos de Guillermo y Silvia viven en México. Tienen muchos primos y tíos.
Guillermo y Silvia: Nuestros abuelos viven en México. Tenemos muchos primos y tíos.

*Vamos a escribir*
**Let's write a skit in Spanish.**
Narrador(a): _____
Guillermo: _____
Silvia: _____
Narrador(a): _____
Chepe: _____
Chepina: _____
Narrador(a): _____
Guillermo: _____
Silvia: _____
Narrador(a): _____
Guillermo y Silvia: _____

*Ahora vamos a actuar más*
**Now act out your own skit.**

# Examencito escrito

*Escribe en español* (**10 points-2 points for each sentence**)
Escribe cinco frases sobre la familia Gómez.
_____
_____
_____
_____
_____

*Contesta en español* (**10 points-2 points for each sentence**)
1. ¿Cómo se llama la esposa de Guillermo? _____
2. ¿Dónde vive la familia Gómez?_____
3. ¿Cómo se llaman los hijos? _____
4. ¿Dónde viven los abuelos?_____
5. ¿Cuántos hermanos y hermanas tiene Silvia? _____

*Traduce al español* (**10 points-2 points for each sentence**)
1. I have two parents. _____
2. Guillermo has six brothers and two sisters._____
3. Guillermo and Silvia have aunts and uncles._____
4. We have lots of cousins. _____
5. Guillermo has two grandparents._____

**Speaking Activities For Any Day of the Week**

# 3. La ropa de Julio y Concha

Name: _____

Date: _____

Class: _____

*Escuchemos la historia*
**Let's listen to the story.**
Déjenme hablarles de Julio y Concha. Viven en Taxco, México. Julio lleva (**is wearing**) una camisa (**shirt**), pantalones (**slacks**), zapatos (**shoes**), calcetines (**socks**) y un cinturón (**belt**). Concha lleva una falda (**skirt**) y zapatos. Julio no lleva aretes (**earrings**). Concha no lleva collares (**necklaces**) ni anillos (**rings**). Julio lleva aretes (**earrings**), si (**if**) va a una fiesta. Concha lleva collares (**necklaces**) y anillos (**rings**), si va a un baile (**dance**).

*Repasemos las prendas*
**Let's review the articles of clothing.**
Repitan en español: los zapatos, la blusa, la camisa, la falda, el vestido (**dress**), los pantalones, la camisa, los calcetines, la ropa interior, el cinturón, el abrigo (**overcoat**), los guantes (**gloves**), la chaqueta (**jacket**).

*Contestemos*
**Let's answer the following questions in Spanish.**
1. ¿Dónde viven Julio y Concha?
2. ¿Qué lleva Julio?
3. ¿Qué lleva Concha?
4. ¿Cuándo lleva aretes Julio?
5. ¿Cuándo lleva collares y anillos Concha?

*Escuchemos otra vez*
**Let's listen to the story again.**
Déjenme hablarles de Julio y Concha. Viven en Taxco, México. Julio lleva (**is wearing**) una camisa (**shirt**), pantalones (**slacks**), zapatos (**shoes**), calcetines (**socks**) y un cinturón (**belt**). Concha lleva una falda (**skirt**) y zapatos. Julio no lleva aretes (**earrings**). Concha no lleva collares (**necklaces**) ni anillos (**rings**). Julio lleva aretes (**earrings**), si (**if**) va a una fiesta. Concha lleva collares (**necklaces**) y anillos (**rings**), si va a un baile (**dance**).

©2005 Teacher's Discovery, Inc.     www.teachersdiscovery.com

# Trabajemos en parejas

**Speaking Activities For Any Day of the Week**

Name: _____

Date: _____

Class: _____

*Nos toca contar la historia*
**Take turns telling the story of Julio and Concha aloud with a partner..**

*Hablemos*
**Take turns saying the following aloud in Spanish.**
1. Julio and Concha live in Taxco, Mexico.
2. Julio is wearing slacks, a shirt, and shoes.
3. Concha wears a skirt, a blouse, and shoes.
4. Julio is not wearing earrings.
5. Concha wears necklaces and rings if she goes to a dance.
6. Julio wears earrings if he goes to a party.

*Digámoslo en español*
**Have a conversation in Spanish with your partner using the following topics.**
1. Julio speaks with a friend. They say what each is wearing.
2. Concha speaks with a friend. They say what each is wearing.

*Preguntas y respuestas*
**Take turns forming and answering questions in Spanish based on the following cues.**
1. Ask your friend if he/she wears earrings.
2. Ask your friend if he/she wears rings.
3. Ask your friend if he/she is wearing a blouse.
4. Ask your friend if he/she is wearing a skirt.
5. Ask your friend if he/she is wearing a shirt.
6. Ask your friend if he/she wears necklaces at parties.

©2005 Teacher's Discovery, Inc.     www.teachersdiscovery.com

ALSOP

# Teatro-En grupos de tres

*Vamos a actuar*
**Working in groups of three, act out the following skit for the class.**

Narrador(a): Déjenme hablarles de Julio y Concha. Viven en Taxco, México.
Julio y Concha: Soy Julio. Soy Concha. Vivimos en Taxco, México.
Narrador(a): Julio lleva una camisa, pantalones, zapatos, calcetines y un cinturón.
Julio: Llevo una camisa, pantalones, zapatos, calcetines y un cinturón.
Narrador(a): Concha lleva una falda y zapatos. No lleva collares y anillos.
Concha: Llevo una falda y zapatos. No llevo collares y anillos.
Narrador(a): Julio lleva aretes, si va a una fiesta.
Julio: Llevo aretes, si voy a una fiesta.
Narrador(a): Concha lleva collares y anillos, si va a un baile.
Concha: Llevo collares y anillos, si voy a un baile.

*Vamos a escribir*
**Let's write a skit in Spanish.**
Narrador(a): _____
Julio y Concha: _____
Narrador(a): _____
Julio: _____
Narrador(a): _____
Concha: _____
Narrador(a): _____
Julio: _____
Narrador(a): _____
Concha: _____

*Ahora vamos a actuar más*
**Now act out your own skit.**

**Speaking Activities For Any Day of the Week**

# Examencito escrito

Name: _____

Date: _____

Class: _____

*Escribe en español* (**10 points-2 points for each sentence**)
Escribe cinco frases sobre la ropa de Julio y Concha.
_____
_____
_____
_____
_____

*Contesta en español* (**10 points-2 points for each sentence**)
1. ¿Dónde viven Julio y Concha? _____
2. ¿Qué lleva Julio? _____
3. ¿Qué lleva Concha? _____
4. ¿Cuándo lleva los aretes Julio? _____
5. ¿Cuándo lleva los collares y los anillos concha? _____

*Traduce al español* (**10 points-2 points for each sentence**)
1. Julio is wearing slacks and a shirt. _____
2. Concha is wearing a skirt and shoes. _____
3. Julio is wearing socks and shoes. _____
4. Concha is not wearing earrings. _____
5. Julio is not wearing necklaces and rings. _____

©2005 Teacher's Discovery, Inc.   www.teachersdiscovery.com

# 4. La comida favorita de Felipe

*Speaking Activities For Any Day of the Week*

Name: _____
Date: _____
Class: _____

*Escuchemos la historia*
**Let's listen to the story.**
Déjenme hablarles de Felipe. Felipe vive en Madrid, España. Come (**He eats**) mucho helado (**ice cream**). Felipe prefiere comer pan (**bread**), jamón (**ham**), pescado (**fish**), legumbres (**vegetables**), fruta, bombones (**candy**), cordero (**lamb**) y cochinillo asado (**suckling pig**). Sus (**His**) frutas favoritas son las toronjas (**grapefruits**) y los limones. Su postre (**dessert**) favorito es el helado. Felipe siempre toma helado.

*Repasemos la comida*
**Let's review the foods.**
Repitan en español: el helado, el pan, el jamón, el pescado, las legumbres, los bombones, el cordero, el cochinillo asado, la toronja, el limón, el pulpo (**octopus**), las gambas (**shrimp**), el queso (**cheese**), las aceitunas (**olives**), la sopa.

*Contestemos*
**Let's answer the following questions in Spanish.**
1. ¿Dónde vive Felipe?
2. ¿Qué comides prefiere comer Felipe?
3. ¿Cuáles son sus frutas favoritas?
4. ¿Cuál es su postre favorito?
5. ¿Siempre toma helado Felipe?

*Escuchemos otra vez*
**Let's listen to the story again.**
Déjenme hablarles de Felipe. Felipe vive en Madrid, España. Come (**He eats**) mucho helado (**ice cream**). Felipe prefiere comer pan (**bread**), jamón (**ham**), pescado (**fish**), legumbres (**vegetables**), fruta, bombones (**candy**), cordero (**lamb**) y cochinillo asado (**suckling pig**). Sus (**His**) frutas favoritas son las toronjas (**grapefruits**) y los limones. Su postre (**dessert**) favorito es el helado. Felipe siempre toma helado.

©2005 Teacher's Discovery, Inc.   www.teachersdiscovery.com

# Trabajemos en parejas

**Speaking Activities For Any Day of the Week**

Name: _____
Date: _____
Class: _____

*Nos toca contar la historia*
**Take turns telling the story of Felipe aloud with a partner.**

*Hablemos*
**Take turns saying the following aloud in Spanish.**
1. Felipe lives in Madrid, Spain.
2. He eats lots of ice cream.
3. Felipe prefers to eat bread.
4. He eats candy.
5. His favorite fruits are grapefruits and lemons.
6. His favorite dessert is ice cream.

*Digámoslo en español*
**Have a conversation in Spanish with your partner using the following topics.**
1. Felipe speaks with two friends. They all say what they eat each day.
2. You speak with two friends. You talk about your favorite foods.

*Preguntas y respuestas*
**Take turns forming and answering questions in Spanish based on the following cues.**
1. Ask your friend if he/she likes (te gusta) ice cream.
2. Ask your friends if they like (les gustan) shrimp.
3. Ask your friends if they eat grapefruits.
4. Ask your friends if they eat ham.
5. Ask your friends if they eat candy and ice cream.
6. Ask your friend if he/she eats olives.

©2005 Teacher's Discovery, Inc.   www.teachersdiscovery.com

# Teatro-En parejas

**Speaking Activities For Any Day of the Week**

Name: _____

Date: _____

Class: _____

*Vamos a actuar*
**Working with a partner, act out the following skit for the class.**

Narrador(a): Déjenme hablarles de Felipe. Vive en Madrid, España.

Felipe: Soy Felipe. Vivo en Madrid, España.

Narrador(a): Toma helado.

Felipe: Tomo helado.

Narrador(a): Prefiere comer pan, jamón, pescado, legumbres, fruta, bombones, cordero y cochinillo asado.

Felipe: Prefiero comer pan, jamón, pescado, legumbres, fruta, bombones, cordero y cochinillo asado.

Narrador(a): Sus frutas favoritas son las toronjas y los limones.

Felipe: Mis frutas favoritas son las toronjas y los limones.

Narrador(a): Su postre favorito es el helado. Felipe siempre toma helado.

Felipe: Mi postre favorito es el helado. Siempre tomo helado.

*Vamos a escribir*
**Let's write a skit in Spanish.**

Narrador(a): _____
Felipe: _____
Narrador(a): _____
Felipe: _____
Narrador(a): _____
Felipe: _____
Narrador(a): _____
Felipe: _____
Narrador(a): _____
Felipe: _____

*Ahora vamos a actuar más*
**Now act out your own skit.**

©2005 Teacher's Discovery, Inc.    www.teachersdiscovery.com

# Examencito escrito

**Name:** _____
**Date:** _____
**Class:** _____

*Speaking Activities For Any Day of the Week*

*Escribe en español* (**10 points-2 points for each sentence**)
Escribe cinco frases sobre la comida favorita de Felipe.
_____
_____
_____
_____
_____

*Contesta en español* (**10 points-2 points for each sentence**)
1. ¿Dónde vive Felipe? _____
2. ¿Cuál es su postre favorito? _____
3. ¿Cuáles son sus frutas favoritas? _____
4. ¿Prefiere Felipe comer pescado? _____
5. ¿Siempre toma helado Felipe? _____

*Traduce al español* (**10 points-2 points for each sentence**)
1. Felipe eats fish and bread. _____
2. His favorite dessert is ice cream. _____
3. Felipe eats grapefruits and lemons. _____
4. Felipe eats ham. _____
5. Pancho eats lamb. _____

## 5. Mauricio, de Marte
### (las partes del cuerpo)

*Escuchemos la historia*
**Let's listen to the story.**
Me llamo Arturo Astronauta. Déjenme hablarles de mi amigo Mauricio. Mauricio es de Marte (**Mars**). Mauricio tiene una cabeza (**head**) grande. Tiene los ojos (**eyes**) café (**brown**). Tiene dos brazos (**arms**) y doce dedos (**fingers**). Tiene un estómago grande porque come mucho. Tiene dos piernas (**legs**) largas (**long**). Tiene una boca (**mouth**) ancha (**wide**) y una oreja (**ear**). Tiene dos antenas. Tiene el cuello (**neck**) corto. Tiene dos pies (**feet**) y doce dedos en los pies (**toes**). Somos buenos amigos. Vivimos en Marte.

*Repasemos las partes del cuerpo*
**Let's review the body parts.**
Repitan en español: la cabeza, los ojos, los brazos, los dedos, el estómago, las piernas, la boca, el cuello, los pies, los dedos del pie.

*Contestemos*
**Let's answer the following questions in Spanish.**
1. ¿Cómo se llaman los dos amigos?
2. ¿De dónde es Mauricio?
3. ¿Cuántos brazos y piernas tiene Mauricio?
4. ¿Cómo tiene el cuello?
5. ¿Cuántos dedos tiene Mauricio?
6. ¿Dónde viven?

*Escuchemos otra vez*
**Let's listen again**
Me llamo Arturo Astronauta. Déjenme hablarles de mi amigo Mauricio. Mauricio es de Marte (**Mars**). Mauricio tiene una cabeza (**head**) grande. Tiene los ojos (**eyes**) café (**brown**). Tiene dos brazos (**arms**) y doce dedos (**fingers**). Tiene un estómago grande porque come mucho. Tiene dos piernas (**legs**) largas (**long**). Tiene una boca (**mouth**) ancha (**wide**) y una oreja (**ear**). Tiene dos antenas. Tiene el cuello (**neck**) corto. Tiene dos pies (**feet**) y doce dedos en los pies (**toes**). Somos buenos amigos. Vivimos en Marte.

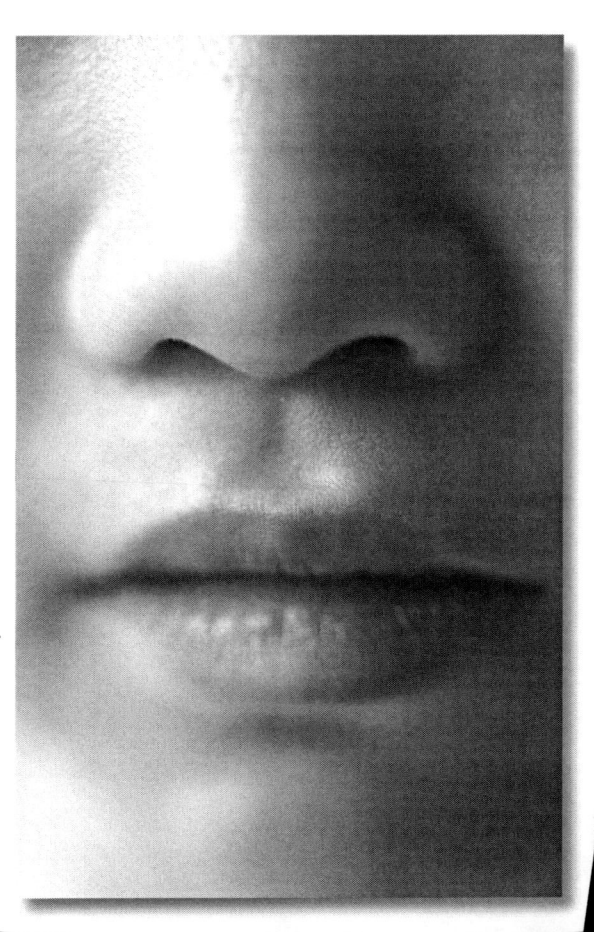

# Trabajemos en parejas

Name: _____
Date: _____
Class: _____

*Speaking Activities For Any Day of the Week*

*Nos toca contar la historia*
**Take turns telling the story of Mauricio aloud with a partner.**

*Hablemos*
**Take turns saying the following aloud in Spanish.**
1. Mauricio has two arms and two legs.
2. Mauricio has a large head.
3. Mauricio has twelve fingers and twelve toes.
4. Mauricio has a large stomach.
5. Mauricio has brown eyes.
6. Mauricio has a wide mouth.

*Digámoslo en español*
**Have a conversation in Spanish with your partner using the following topics.**
1. Mauricio
2. Arturo
3. Tu mejor amigo (a)

*Preguntas y respuestas*
**Take turns creating and answering questions using the following words.**
1. cabeza
2. cuello
3. dedos
4. dedos del pie
5. boca
6. oreja

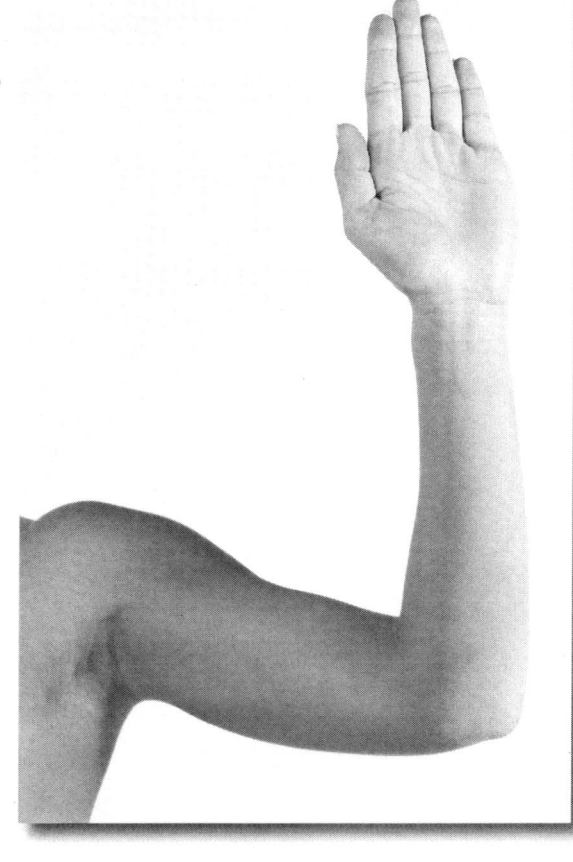

## Teatro-En parejas

**Name:** _____
**Date:** _____
**Class:** _____

*Vamos a actuar*
**Working with a partner, act out the following skit for the class.**

Arturo Astronauta: Me llamo Arturo Astronauta. Mi amigo, Mauricio, es de Marte.
Mauricio: Soy Mauricio, su amigo. Soy de Marte.
Arturo Astronauta: Mauricio tiene una cabeza grande. Tiene los ojos cafés.
Mauricio: Tengo una cabeza grande. Tengo los ojos cafés.
Arturo Astronauta: Tiene dos brazos y doce dedos. Tiene un estómago grande porque come mucho.
Mauricio: Tengo dos brazos y doce dedos. Tengo un estómago grande porque como mucho.
Arturo Astronauta: Tiene dos piernas largas, una boca ancha y una oreja.
Mauricio: Tengo dos piernas largas, una boca ancha y una oreja.
Arturo Astronauta: Tiene dos antenas, el cuello corto, dos pies y doce dedos en los pies. Somos buenos amigos.
Mauricio: Tengo dos antenas, el cuello corto, dos pies y doce dedos en los pies. Somos buenos amigos.

*Vamos a escribir*
**Let's write a skit in Spanish.**

Arturo Astronauta: _____
Mauricio: _____
Arturo Astronauta: _____
Mauricio: _____
Arturo Astronauta: _____
Mauricio: _____
Arturo Astronauta: _____
Mauricio: _____
Arturo Astronauta: _____
_____
Mauricio: _____
_____
_____

*Ahora vamos a actuar más*
**Now act out your own skit.**

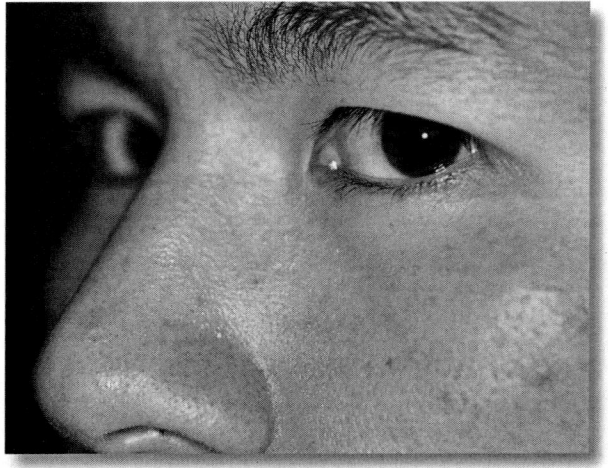

# Examencito escrito

Name: _____
Date: _____
Class: _____

*Escribe en español* (**10 points-2 points for each sentence**)
Escribe cinco frases sobre Mauricio.
_____
_____
_____
_____
_____

*Contesta en español* (**10 points-2 points for each sentence**)
1. ¿Cuántos dedos tiene Mauricio?_____
2. ¿Dónde están Mauricio y Arturo?_____
3. ¿Cómo es el cuello de Mauricio? _____
4. ¿Cuántas antenas tiene? _____
5. ¿Por qué tiene Mauricio el estómago grande?

*Haz una pregunta* (**10 points-2 points for each sentence**)
Escribe una pregunta en español usando cada palabra.
1. la oreja_____
2. las piernas_____
3. las ojos_____
4. los pies_____
_____
5. los brazos _____
_____

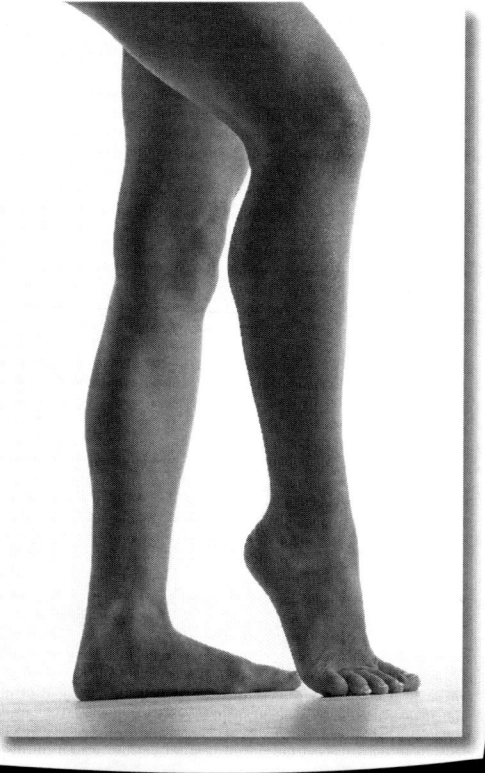

## 6. Pancho, el pintor
*(los verbos -AR, el tiempo presente)*

Name: _____

Date: _____

Class: _____

*Escuchemos la historia*
**Let's listen to the story.**
Déjenme hablarles de Pancho, el pintor. Pancho vive en San José, Costa Rica. Pancho trabaja (**works**) mucho. Estudia arte y pinta (**paints**). Por la noche, escucha la radio y ve (**watches**) la tele. Gana (**He earns**) mucho porque es un artista célebre. Gasta (**He spends**) poco.

*Repasemos los verbos -AR*
**Let's review the -AR verbs.**
Repitan en español

| *pintar*-to paint ||
|---|---|
| Yo pint-o | nosotros/as pint-amos |
| tú pint-as | vosotros/as pint-áis |
| el, ella, Ud. pint-a | ellos/as, Uds. pint-an |

*Contestemos*
**Let's answer the following questions in Spanish.**
1. ¿Cómo se llama el pintor?
2. ¿Dónde vive el pintor?
3. ¿Qué hace (**does do**) Pancho?
4. ¿Qué hace (**does he do**) por la noche?
5. ¿Por qué gana mucho?
6. ¿Gasta mucho o poco?

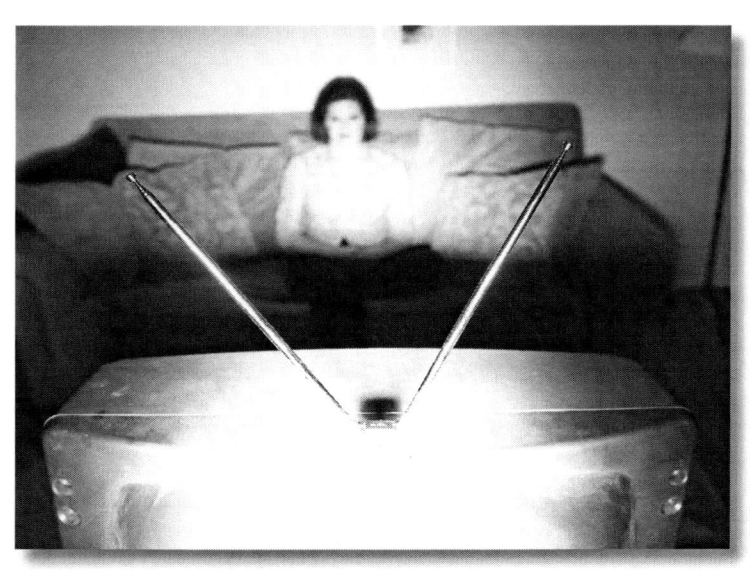

*Escuchemos otra vez*
**Let's listen again.**
Déjenme hablarles de Pancho, el pintor. Pancho vive en San José, Costa Rica. Pancho trabaja (**works**) mucho. Estudia arte y pinta (**paints**). Por la noche, escucha la radio y ve (**watches**) la tele. Gana (**He earns**) mucho porque es un artista célebre. Gasta (**He spends**) poco.

# Trabajemos en parejas

*Speaking Activities For Any Day of the Week*

Name: _____
Date: _____
Class: _____

*Nos toca contar la historia*
**Take turns telling the story of Pancho aloud with a partner.**

*Hablemos*
**Take turns saying the following aloud in Spanish.**
1. Pancho paints a lot.
2. He listens to the radio.
3. I watch TV.
4. I paint a lot.
5. They earn a lot.
6. We paint a little.

*Digámoslo en español*
**Have a conversation in Spanish with your partner using the following topics.**
1. Pancho speaks with two friends. He says what he does.
2. You speak with two friends. You tell each other what you do.

*Preguntas y respuestas*
**Take turns forming and answering questions in Spanish based on the following cues.**
1. Ask your friend if he/she listens to the radio.
2. Ask your friends if they watch TV.
3. Ask your friend if he/she paints a lot.
4. Ask your friends if they earn a lot.
5. Ask your friends if they paint a lot.
6. Ask your friend if he/she speaks Spanish.

©2005 Teacher's Discovery, Inc.     www.teachersdiscovery.com

# Teatro-En parejas

Name: _____

Date: _____

Class: _____

*Vamos a actuar*
**Working with a partner, act out the following skit for the class.**
Narrador(a): Déjenme hablarles de Pancho, el pintor. Vive en San José, Costa Rica.
Pancho: Soy Pancho. Soy pintor. Vivo en San José, Costa Rica.
Narrador(a): Pancho trabaja mucho.
Pancho: Trabajo mucho.
Narrador(a): Estudia arte y pinta mucho.
Pancho: Estudio arte y pinto mucho.
Narrador(a): Por la noche escucha la radio y ve la tele.
Pancho: Por la noche, escucho la radio y veo la tele.
Narrador(a): Gana mucho porque es un artista célebre. Gasta poco.
Pancho: Gano mucho porque soy un artista célebre. Gasto poco.

*Vamos a escribir*
**Let's write a skit in Spanish.**
Narrador(a): _____
Pancho: _____
Narrador(a): _____
Pancho: _____
Narrador(a): _____
Pancho: _____
Narrador(a): _____
Pancho: _____
Narrador(a): _____
Pancho: _____

*Ahora vamos a actuar más*
**Now act out your own skit.**

# Examencito escrito

**Speaking Activities For Any Day of the Week**

Name: _____
Date: _____
Class: _____

*Escribe en español* (**10 points-2 points for each sentence**)
Escribe cinco frases sobre el pintor, Pancho.
_____
_____
_____
_____
_____

*Contesta en español* (**10 points-2 points for each sentence**)
1. ¿Cómo se llama el pintor? _____
2. ¿Dónde vive Pancho? _____
3. ¿Qué estudia Pancho? _____
4. ¿Por qué gana mucho dinero? _____
5. ¿Qué escucha? _____

*Traduce al español* (**10 points-2 points for each sentence**)
1. I paint a lot. _____
2. Pancho listens to the radio. _____
3. They earn a lot. _____
4. We paint a lot. _____
_____
5. Pancho spends little. _____
_____

**Speaking Activities For Any Day of the Week**

# 7. Carlos, el gran corredor
### (los verbos -ER, el tiempo presente)

Name: _____

Date: _____

Class: _____

### *Escuchemos la historia*
**Let's listen to the story.**

Déjenme hablarles de Carlos, un gran corredor (**runner**). Carlos vive (**lives**) en Miami, Florida. Siempre corre (**runs**). Le gusta (**likes to**), a Carlos, correr diez millas (**miles**) cada día (**each day**). A veces (**Sometimes**) Carlos corre por más de (**for more than**) tres horas. Siempre (**Always**) participa en las competiciones (**contests**). Gana (**He earns**) mucho dinero (**money**) en estas (**these**) competiciones. Carlos es profesional. Aprende a (**He learns to**) competir con los mejores (**best**) corredores (**runners**) del mundo (**in the world**).

### *Repasemos los verbos -ER*
**Let's review the *ER* verbs.**

Repitan en español.

| *correr*-to run ||
|---|---|
| yo corr-o | nosotros/as corr-emos |
| tú corr-es | vosotros/as corr-éis |
| él, ella, Ud. corr-e | ellos/as, Uds. corr-en |

### *Contestemos*
**Let's answer the following questions in Spanish.**

1. ¿Dónde vive Carlos?
2. ¿Siempre corre Carlos?
3. ¿Qué distancia corre Carlos cada día?
4. ¿En qué participa Carlos?
5. ¿Qué gana Carlos?

### *Escuchemos otra vez*
**Let's listen again.**

Déjenme hablarles de Carlos, un gran corredor (**runner**). Carlos vive (**lives**) en Miami, Florida. Siempre corre (**runs**). Le gusta (**likes to**), a Carlos, correr diez millas (**miles**) cada día (**each day**). A veces (**Sometimes**) Carlos corre por más de (**for more than**) tres horas. Siempre (**Always**) participa en las competiciones (**contests**). Gana (**He earns**) mucho dinero (**money**) en estas (**these**) competiciones. Carlos es profesional. Aprende a (**He learns to**) competir con los mejores (**best**) corredores (**runners**) del mundo (**in the world**).

©2005 Teacher's Discovery, Inc.  www.teachersdiscovery.com

# Speaking Activities For Any Day of the Week

# Trabajemos en parejas

Name: _____
Date: _____
Class: _____

*Nos toca contar la historia*
**Take turns telling the story of Carlos aloud with a partner.**

*Hablemos*
**Take turns saying the following aloud in Spanish.**
1. Carlos runs many miles.
2. Carlos learns to run.
3. Carlos eats a lot.
4. They always run.
5. Sometimes we learn much.
6. I eat three times a day.

*Digámoslo en español*
**Have a conversation in Spanish with your partner using the following topics.**
1. Carlos tells his friend what he does.
2. You speak with your friend. You tell each other what you are doing today.

*Preguntas y respuestas*
**Take turns forming and answering questions in Spanish based on the following cues.**
1. Ask your friend if he/she runs three miles.
2. Ask your friend if he/she eats a lot.
3. Ask your friend if he/she learns much.
4. Ask your friend if he/she runs in contests.
5. Ask your friend if he/she learns to run.
6. Ask your friend if he/she eats at McDonald's.

# Teatro-En parejas

**Speaking Activities For Any Day of the Week**

Name: _____

Date: _____

Class: _____

*Vamos a actuar*
**Working with a partner, act out the following skit for the class.**
Narrador(a): Déjenme hablarles de Carlos, un gran corredor. Vive en Miami, Florida. Siempre corre.
Carlos: Soy Carlos. Soy un gran corredor. Vivo en Miami, Florida. Siempre corro.
Narrador(a): Le gusta, a Carlos, correr diez millas cada día.
Carlos: Me gusta correr diez millas cada día.
Narrador(a): A veces Carlos corre por más de tres horas.
Carlos: A veces corro por más de tres horas.
Narrador(a): Siempre participa en las competiciones. Gana mucho dinero en estas competiciones.
Carlos: Siempre participo en las competiciones. Gano mucho dinero en estas competiciones.
Narrador(a): Carlos es profesional. Aprende a competir con los mejores corredores del mundo.
Carlos: Soy profesional. Aprendo a competir con los mejores corredores del mundo.

*Vamos a escribir*
**Let's write a skit in Spanish.**
Narrador(a): _____
Carlos: _____
Narrador(a): _____
Carlos: _____
Narrador(a): _____
Carlos: _____
Narrador(a): _____
Carlos: _____
Narrador(a): _____
Carlos: _____

*Ahora vamos a actuar más*
**Now act out your own skit.**

# Examencito escrito

**Speaking Activities For Any Day of the Week**

Name: _____
Date: _____
Class: _____

*Escribe en español* (**10 points-2 points for each sentence**)
Escribe cinco frases sobre el gran corredor, Carlos.
_____
_____
_____
_____
_____

*Contesta en español* (**10 points-2 points for each sentence**)
1. ¿Dónde vive Carlos? _____
2. ¿Qué es Carlos? _____
3. ¿Qué distancia corre Carlos cada día? _____
4. ¿Qué gana Carlos? _____
5. ¿Qué aprende Carlos? _____

*Traduce al español* (**10 points-2 points for each sentence**)
1. Carlos runs a lot. _____
2. Carlos learns to run. _____
3. They run each day. _____
4. We eat at McDonald's. _____
_____
5. I learn to run. _____
_____

©2005 Teacher's Discovery, Inc.   www.teachersdiscovery.com

## 8. Eduardo, el alpinista
### (los verbos - IR, el tiempo presente)

*Escuchemos la historia*
**Let's listen to the story.**
Déjenme hablarles de Eduardo, el alpinista (**mountain climber**). Eduardo vive (**lives**) en Lima, Perú. Eduardo siempre sube (**climbs**) montañas. Sube montañas todos los días (**every day**). Eduardo sube montañas porque (**because**) es profesional. Gana (**He earns**) mucho dinero (**money**). Vive para (**to-in order to**) subir montañas. Eduardo tiene mucho talento y es muy valiente (**brave**).

*Repasemos los verbos -IR.*
**Let's review the -*IR* verbs.**
Repitan en español.

| *subir*-to go up, to climb ||
|---|---|
| Yo sub-o | nosotros/as sub-imos |
| tú sub-es | vosotros/as sub-ís |
| el, ella, Ud. sub-e | ellos/as, Uds. sub-en |

*Contestemos*
**Let's answer the following questions in Spanish.**
1. ¿Qué es Eduardo?
2. ¿Dónde vive Eduardo?
3. ¿Qué hace siempre Eduardo?
4. ¿Por qué sube Eduardo montañas?
5. ¿Qué gana?
6. ¿Cómo es Eduardo?

*Escuchemos otra vez*
**Let's listen again.**
Déjenme hablarles de Eduardo, el alpinista (**mountain climber**). Eduardo vive (**lives**) en Lima, Perú. Eduardo siempre sube (**climbs**) montañas. Sube montañas todos los días (**every day**). Eduardo sube montañas porque (**because**) es profesional. Gana (**He earns**) mucho dinero (**money**). Vive para (**to-in order to**) subir montañas. Eduardo tiene mucho talento y es muy valiente (**brave**).

# Trabajemos en parejas

*Nos toca contar la historia*
**Take turns telling the story aloud with a partner.**

*Hablemos*
**Take turns saying the following aloud in Spanish.**
1. Eduardo climbs mountains.
2. He climbs mountains because he is a professional.
3. I climb the mountain.
4. We live in Perú.
5. They live in Chile.
6. Eduardo lives to climb mountains.

*Digámoslo en español*
**Have a conversation in Spanish with your partner using the following topics.**
1. Eduardo speaks with three friends. They say what they do.
2. You speak with three friends. You say your plans for today.

*Preguntas y respuestas*
**Take turns forming and answering questions in Spanish based on the following cues.**
1. Ask your friend if he/she climbs mountains.
2. Ask your friends if they live in Perú.
3. Ask your friend if he/she is very brave.
4. Ask your friends if they earn money when they climb mountains.
5. Ask your friends if they live to climb mountains.
6. Ask your friend if he/she climbs mountains all day.

# Teatro-En parejas

Speaking Activities For Any Day of the Week

Name: _____
Date: _____
Class: _____

*Vamos a actuar*
**Working with a partner, act out the following skit for the class.**
Narrador(a): Déjenme hablarles de Eduardo, el alpinista. Vive en Lima, Perú.
Eduardo: Soy Eduardo, el alpinista. Vivo en Lima, Perú.
Narrador(a): Eduardo siempre sube montañas.
Eduardo: Siempre subo montañas.
Narrador(a): Sube montañas todos los días porque es profesional.
Eduardo: Subo montañas todos los días porque soy profesional.
Narrador(a): Gana mucho dinero. Vive para subir montañas.
Eduardo: Gano mucho dinero. Vivo para subir montañas.
Narrador(a): Tiene mucho talento y es muy valiente.
Eduardo: Tengo mucho talento y soy muy valiente.

*Vamos a escribir*
**Let's write a skit in Spanish.**
Narrador(a): _____
Eduardo: _____
Narrador(a): _____
Eduardo: _____
Narrador(a): _____
Eduardo: _____
Narrador(a): _____
Eduardo: _____
Narrador(a): _____
Eduardo: _____

*Ahora vamos a actuar más*
**Now act out your own skit.**

# Examencito escrito

**Speaking Activities For Any Day of the Week**

Name: _____
Date: _____
Class: _____

*Escribe en español* (**10 points-2 points for each sentence**)
Escribe cinco frases sobre el alpinista, Eduardo.
_____
_____
_____
_____
_____

*Contesta en español* (**10 points-2 points for each sentence**)
1. ¿Dónde vive Eduardo? _____
2. ¿Qué es Eduardo? _____
3. ¿Qué hace siempre Eduardo? _____
4. ¿Por qué sube Eduardo montañas? _____
5. ¿Cómo es Eduardo? _____

*Traduce al español* (**10 points-2 points for each sentence**)
1. I climb mountains. _____
_____
2. Eduardo climbs mountains. _____
_____
3. They climb mountains every day. _____
_____
4. We live in Peru. _____
_____
5. You (fam.) live in Chile. _____
_____

©2005 Teacher's Discovery, Inc.   www.teachersdiscovery.com

# 9. Diego, el meteorólogo
## (el tiempo)

*Escuchemos la historia*
**Let's listen to the story.**
Déjenme hablarles de Diego. Diego vive en Los Ángeles, California. Diego es meteorólogo y anuncia el tiempo en la televisión. A veces (**Sometimes**) Diego filma el tiempo afuera (**outside**) con su propia (**own**) cámara. Da (**He gives**) el tiempo para todo el país (**country**). Hace sol (**It is sunny**), hace calor (**it is hot**), hace frío (**it is cold**), está nublado (**it is cloudy**), nieva (**it is snowing**), llueve (**it is raining**), hace viento (**it is windy**). ¡Diego es un meteorólogo muy creativo!

*Repasemos el tiempo*
**Let's review the weather.**
Repitan en español: hace frío, hace calor, hace sol, está nublado, nieva, llueve, está seco (**dry**), hace viento, está despejado (**clear**).

*Contestemos*
**Let's answer the following questions in Spanish.**
1. ¿Dónde vive Diego?
2. ¿Qué es Diego?
3. ¿Dónde filma el tiempo Diego?
4. ¿Es muy creativo Diego?
5. ¿Qué tiempo hace en los Estados Unidos?

*Escuchemos otra vez*
**Let's listen again**
Déjenme hablarles de Diego. Diego vive en Los Ángeles, California. Diego es meteorólogo y anuncia el tiempo en la televisión. A veces (**Sometimes**) Diego filma el tiempo afuera (**outside**) con su propia (**own**) cámara. Da (**He gives**) el tiempo para todo el país (**country**). Hace sol (**It is sunny**), hace calor (**it is hot**), hace frío (**it is cold**), está nublado (**it is cloudy**), nieva (**it is snowing**), llueve (**it is raining**), hace viento (**it is windy**). ¡Diego es un meteorólogo muy creativo!

**Speaking Activities For Any Day of the Week**

# Trabajemos en parejas

Name: _____

Date: _____

Class: _____

*Nos toca contar la historia*
**Take turns telling the story of Diego aloud with a partner.**

*Hablemos*
**Take turns saying the following aloud in Spanish.**
1. Diego lives in Los Angeles, California.
2. Diego is a weather announcer.
3. Sometimes he films the weather outside.
4. It is sunny in California.
5. It is raining in Texas.
6. It is cloudy in New York.

*Digámoslo en español*
**Have a conversation in Spanish with your partner using the following topics.**
1. Diego speaks and his three friends take turns telling the weather.
2. Diego and his three friends make up a jingle/song about the weather.

*Preguntas y respuestas*
**Take turns forming and answering questions in Spanish based on the following cues.**
1. Ask your friend if he/she likes (te gusta) the weather.
2. Ask your friends if they like (les gusta) the snow.
3. Ask your friends if it is hot.
4. Ask your friends if it is cold.
5. Ask your friends if it is raining.
6. Ask your friend if it is sunny and windy.

©2005 Teacher's Discovery, Inc.  www.teachersdiscovery.com

# Teatro-En parejas

*Speaking Activities For Any Day of the Week*

*Vamos a actuar*
**Working with a partner, act out the following skit for the class.**
Narrador(a): Déjenme hablarles de Diego. Vive en Los Ángeles, California.
Diego: Soy Diego. Vivo en Los Ángeles, California.
Narrador(a): Diego es meteorólogo y anuncia el tiempo en la televisión.
Diego: Soy meteorólogo y anuncio el tiempo en la televisión.
Narrador(a): A veces Diego filma el tiempo afuera con su propia cámara.
Diego: A veces filmo el tiempo afuera con mi propia cámara.
Narrador(a): Da el tiempo para todo el país. Hace sol, hace calor, hace frío, está nublado, nieva, llueve, hace viento. Diego es un meteorólogo muy creativo.
Diego: Doy el tiempo para todo el país. Hace sol, hace calor, hace frío, está nublado, nieva, llueve, hace viento. Soy un meteorólogo muy creativo.

*Vamos a escribir*
**Let's write a skit in Spanish.**
Narrador(a): _____
Diego: _____
Narrador(a): _____
Diego: _____
Narrador(a): _____
Diego: _____
Narrador(a): _____
Diego: _____

*Ahora vamos a actuar más*
**Now act out your own skit.**

# Examencito escrito

**Name:** _____
**Date:** _____
**Class:** _____

*Escribe en español* (**10 points-2 points for each sentence**)
Escribe cinco frases sobre Diego.
_____
_____
_____
_____
_____

*Contesta en español* (**10 points-2 points for each sentence**)
1. ¿Dónde vive Diego?_____
2. ¿Qué es Diego? _____
3. ¿Qué da Diego? _____
4. ¿A veces dónde filma Diego?_____
5. ¿Cómo es Diego? _____

*Traduce al español* (**10 points-2 points for each sentence**)
1. It is sunny in California. _____
2. It is windy in Pennsylvania. _____
3. It is hot in Florida. _____
4. It is raining in Texas. _____
5. It is snowing in Maine. _____

## 10. Gabriel y Marta son novios

(los sustantivos-los adjetivos)

*Speaking Activities For Any Day of the Week*

### *Escuchemos la historia*
**Let's listen to the story.**

Déjenme hablarles de Gabriel y Marta, los novios ideales. Gabriel es muy guapo (**handsome**). Marta es muy bonita (**pretty**). Gabriel y Marta son altos (**tall**). Gabriel y Marta son muy listos (**clever**). Gabriel es estudioso (**studious**). Marta es muy trabajadora (**hard-working**). Gabriel es mexicano. Marta es colombiana. Viven en los Estados Unidos.

### *Repasemos los sustantivos y los adjetivos*
**Let's review the nouns and adjectives.**

Repitan en español: el libro es rojo. La casa es roja. El chico es guapo. La chica es guapa. Los chicos son guapos. El muchacho es alto. La muchacha es alta. Los muchachos son altos.

### *Contestemos*
**Let's answer the following questions in Spanish.**

1. ¿Cómo se llaman los novios?
2. ¿Cómo es Gabriel?
3. ¿Son altos Gabriel y Marta?
4. ¿Es mexicano Gabriel?
5. ¿Es mexicana Marta?
6. ¿Dónde viven?

### *Escuchemos otra vez*
**Let's listen again**

Déjenme hablarles de Gabriel y Marta, los novios ideales. Gabriel es muy guapo (**handsome**). Marta es muy bonita (**pretty**). Gabriel y Marta son altos (**tall**). Gabriel y Marta son muy listos (**clever**). Gabriel es estudioso (**studious**). Marta es muy trabajadora (**hard-working**). Gabriel es mexicano. Marta es colombiana. Viven en los Estados Unidos.

©2005 Teacher's Discovery, Inc.    www.teachersdiscovery.com

# Trabajemos en parejas

*Speaking Activities For Any Day of the Week*

Name: _____
Date: _____
Class: _____

*Nos toca contar la historia*
**Take turns telling the story of Marta and Gabriel aloud with a partner.**

*Hablemos*
**Take turns saying the following aloud in Spanish.**
1. Marta is pretty.
2. Gabriel is handsome.
3. They are tall and smart.
4. Gabriel is studious.
5. Marta is hard-working.
6. Gabriel is Mexican and Marta is Colombian.

*Digámoslo en español*
**Have a conversation in Spanish with your partner using the following topics.**
1. Describe Gabriel and Marta.
2. Describe each other in Spanish.

*Preguntas y respuestas*
**Take turns forming and answering questions in Spanish based on the following cues.**
1. Ask your friend if he/she is clever.
2. Ask your friend if he/she is handsome/pretty.
3. Ask your friend if he/she is hard-working.
4. Ask your friends if they are studious.
5. Ask your friends if they are Mexicans.
6. Ask your friend if he/she is Colombian.

ALSOP
38

©2005 Teacher's Discovery, Inc.   www.teachersdiscovery.com

# Teatro-En grupos de tres

**Name:** _____
**Date:** _____
**Class:** _____

*Vamos a actuar*
**Working in groups of three, act out the following skit for the class.**
Narrador(a): Déjenme hablarles de Gabriel y Marta. Gabriel es mexicano y Marta es colombiana. Viven en los Estados Unidos.
Gabriel: Soy mexicano. Vivo en los Estados Unidos.
Marta: Soy colombiana. Vivo en los Estados Unidos.
Narrador(a): Gabriel es muy guapo y Marta es muy bonita. Son altos y muy listos.
Gabriel: Soy muy guapo, alto y listo.
Marta: Soy muy bonita, alta y lista.
Narrador(a): Gabriel es estudioso y Marta es muy trabajadora.
Gabriel: Soy estudioso.
Marta: Soy muy trabajadora.

*Vamos a escribir*
**Let's write a skit in Spanish.**
Narrador(a): _____
Gabriel: _____
Marta: _____
Narrador(a): _____
Gabriel: _____
_____
Marta: _____
_____
Narrador(a): _____
_____
Gabriel: _____
_____
Marta: _____
_____

*Ahora vamos a actuar más*
**Now act out your own skit.**

# Examencito escrito

**Speaking Activities For Any Day of the Week**

Name: _____
Date: _____
Class: _____

*Escribe en español* (**10 points-2 points for each sentence**)
Escribe cinco frases sobre Gabriel y Marta.
_____
_____
_____
_____
_____
_____

*Contesta en español* (**10 points-2 points for each sentence**)
1. ¿Son altos Gabriel y Marta? _____
2. ¿Es mexicana Marta? _____
3. ¿Es bonita Marta? _____
4. ¿Es feo Gabriel?_____
5. ¿Son listos Gabriel y Marta? _____

*Traduce al español* (**10 points-2 points for each sentence**)
1. Gabriel is handsome. _____
2. Marta is pretty. _____
3. Gabriel and Marta are smart. _____
4. Gabriel is tall._____
_____
5. Marta is Colombian._____
_____

©2005 Teacher's Discovery, Inc.    www.teachersdiscovery.com

## 11. Teodoro, dueño de una isla

("tener que" más el infinitivo)

*Escuchemos la historia*
**Let's listen to the story.**

Déjenme hablarles de Teodoro. Teodoro vive en una isla (**island**) en el Mar (**sea**) Caribe. Teodoro tiene que (**has to**) trabajar (**work**) mucho porque (**because**) es el dueño (**owner**) de la isla. Teodoro es la única (**only**) persona en la isla. Tiene que limpiar (**to clean**) la playa (**beach**). Tiene que buscar (**look for**) comida (**food**). Tiene que cocinar (**to cook**) su comida. Tiene que descansar (**to rest**) mucho porque trabaja todo el día (**all day**). ¡Pobre Teodoro!

*Repasemos "tener que más" el infinitivo.*
**Let's review** *"tener que más" el infinitivo.*
Repitan en español.

| *"tener que" más el infinitivo*-to have to do something ||
|---|---|
| yo tengo que trabajar | nosotros/as ten-emos que trabajar |
| tú tien-es que trabajar | vosotros/as ten-éis que trabajar |
| él, ella, Ud. tien-e que trabajar | ellos/as, Uds. tien-en que trabajar |

*Contestemos*
**Let's answer the following questions in Spanish.**
1. ¿Dónde vive Teodoro?
2. ¿Por qué tiene que trabajar mucho Teodoro?
3. ¿Qué tiene que limpiar?
4. ¿Qué tiene que buscar?
5. ¿Qué tiene que cocinar?
6. ¿Por qué tiene que descansar Teodoro?

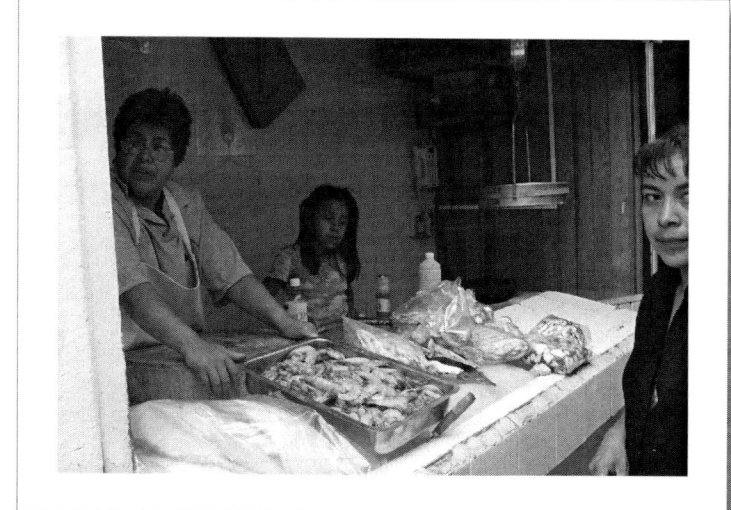

*Escuchemos otra vez*
**Let's listen again.**

Déjenme hablarles de Teodoro. Teodoro vive en una isla (**island**) en el Mar (**sea**) Caribe. Teodoro tiene que (**has to**) trabajar (**work**) mucho porque (**because**) es el dueño (**owner**) de la isla. Teodoro es la única (**only**) persona en la isla. Tiene que limpiar (**to clean**) la playa (**beach**). Tiene que buscar (**look for**) comida (**food**). Tiene que cocinar (**to cook**) su comida. Tiene que descansar (**to rest**) mucho porque trabaja todo el día (**all day**). ¡Pobre Teodoro!

# Trabajemos en parejas

**Speaking Activities For Any Day of the Week**

Name: _____

Date: _____

Class: _____

*Nos toca contar la historia*
**Take turns telling the story of Teodoro aloud with a partner.**

*Hablemos*
**Take turns saying the following aloud in Spanish.**
1. Teodoro has to work a lot.
2. Teodoro has to look for food.
3. Teodoro has to clean the beach.
4. We have to cook the food.
5. They have to clean the beach.
6. I have to rest.

*Digámoslo en español*
**Have a conversation in Spanish with your partner using the following topics.**
1. Teodoro speaks with his friend about what he has to do on the island.
2. Find out what your friend does each day.

*Preguntas y respuestas*
**Take turns forming and answering questions in Spanish based on the following cues.**
1. Ask your friend if he/she has to work a lot.
2. Ask your friend if he/she has to look for food.
3. Ask your friend if he/she has to clean the beach.
4. Ask your friend if he/she has to cook the food.
5. Ask your friend if he/she has to rest a lot.
6. Ask your friend if he/she has to live on an island.

# Teatro-En parejas

**Name:** _____
**Date:** _____
**Class:** _____

*Vamos a actuar*
**Working with a partner, act out the following skit for the class.**
Narrador(a): Déjenme hablarles de Teodoro. Vive en una isla en el Mar Caribe. Tiene que trabajar mucho porque es el dueño de la isla.
Teodoro: Soy Teodoro. Vivo en una isla en el Mar Caribe. Tengo que trabajar mucho porque soy el dueño de la isla.
Narrador(a): Teodoro es la única persona en la isla.
Teodoro: Soy la única persona en la isla.
Narrador(a): Teodoro tiene que limpiar la playa y buscar comida.
Teodoro: Tengo que limpiar la playa y buscar comida.
Narrador(a): Teodoro tiene que cocinar su comida y descansar mucho porque trabaja todo el día. ¡Pobre Teodoro!
Teodoro: Tengo que cocinar mi comida y descansar mucho porque trabajo todo el día. ¡Pobre de mí!

*Vamos a escribir*
**Let's write a skit in Spanish.**
Narrador(a): _____
Teodoro: _____
Narrador(a): _____
Teodoro: _____
Narrador(a): _____
Teodoro: _____
Narrador(a): _____
Teodoro: _____

*Ahora vamos a actuar más*
**Now act out your own skit.**

# Examencito escrito

**Name:** _____
**Date:** _____
**Class:** _____

*Escribe en español* (**10 points-2 points for each sentence**)
Escribe cinco frases sobre Teodoro.
_____
_____
_____
_____
_____

*Contesta en español* (**10 points-2 points for each sentence**)
1. ¿Dónde vive Teodoro? _____
2. ¿Por qué tiene que trabajar mucho Teodoro? _____
3. ¿Qué tiene que limpiar?_____
4. ¿Qué tiene que buscar Teodoro? _____
5. ¿Por qué tiene que descansar? _____

*Traduce al español* (**10 points-2 points for each sentence**)
1. I have to work a lot. _____
2. Teodoro has to work a lot because he is the owner of the island. _____
3. Teodoro has to look for food. _____
4. We have to cook the food. _____
5. They have to rest. _____

## 12. Hortensia va a México
### (el verbo ir)

*Escuchemos la historia*
**Let's listen to the story.**
Déjenme hablarles de Hortensia. Hortensia vive en Dallas. Ella va (**is going**) a México. Hortensia va a las pirámides porque sabe (**she knows**) que (**that**) hay (**there are**) unas joyas (**jewels**) preciosas enterradas (**buried**) allí. Hortensia trabaja para el gobierno (**government**). Quiere (**She wants**) encontrar (**to find**) las joyas porque son del gobierno. Hay dos ladrones (**thieves**) que van a México. También (**Also**) buscan (**look for**) las joyas. Van a las pirámides. Hortensia espera (**hopes**) llegar (**to arrive**) primero.

*Repasemos el verbo "ir".*
**Let's review the verb "*ir*".**
Repitan en español.

| *ir-t*o go ||
|---|---|
| yo voy | nosotros/as vamos |
| tú vas | vosotros/as vais |
| él, ella, Ud. va | ellos/as, Uds. van |

*Contestemos*
**Let's answer the following questions in Spanish.**
1. ¿Dónde vive Hortensia?
2. ¿Adónde va Hortensia?
3. ¿A qué sitio va Hortensia?
4. ¿Para quién trabaja?
5. ¿Qué quiere encontrar?
6. ¿De quién son las joyas?
7. ¿Adónde van los ladrones?
8. ¿Quién espera llegar primero?

*Escuchemos otra vez*
**Let's listen again**
Déjenme hablarles de Hortensia.
Hortensia vive en Dallas. Ella va (**is going**) a México. Hortensia va a las pirámides porque sabe (**she knows**) que (**that**) hay (**there are**) unas joyas (**jewels**) preciosas enterradas (**buried**) allí. Hortensia trabaja para el gobierno (**government**). Quiere (**She wants**) encontrar (**to find**) las joyas porque son del gobierno. Hay dos ladrones (**thieves**) que van a México. También (**Also**) buscan (**look for**) las joyas. Van a las pirámides. Hortensia espera (**hopes**) llegar (**to arrive**) primero.

# Trabajemos en parejas

Name: _____
Date: _____
Class: _____

*Speaking Activities For Any Day of the Week*

*Nos toca contar la historia*
**Take turns telling the story of Hortensia aloud with a partner.**

*Hablemos*
**Take turns saying the following aloud in Spanish.**
1. Hortensia is going to Mexico.
2. Hortensia goes to the pyramids.
3. Hortensia looks for the precious jewels.
4. The thieves want to find the jewels.
5. They are going to Mexico.
6. I am going to Mexico.

*Digámoslo en español*
**Have a conversation in Spanish with your partner using the following topics.**
1. Hortensia speaks to her friends about the jewels.
2. Hortensia asks her friend about Mexico.

*Preguntas y respuestas*
**Take turns forming and answering questions in Spanish based on the following cues.**
1. Ask your friend if he/she is going to Mexico.
2. Ask your friend if he/she is going to the Pyramids.
3. Ask your friends if they look for the jewels.
4. Ask your friend if he/she wants to find the precious jewels.
5. Ask your friend if he/she is going to Spain.
6. Ask your friend if he/she works for the government.

# Teatro-En grupos de cuatro

*Speaking Activities For Any Day of the Week*

Name: _____
Date: _____
Class: _____

*Vamos a actuar*
**Working in groups of four, act out the following skit for the class.**
Narrador(a): Déjenme hablarles de Hortensia. Vive en Dallas. Va a México. Va a las pirámides porque sabe que hay unas joyas preciosas enterradas allí.
Hortensia: Soy Hortensia. Vivo en Dallas. Voy a México. Voy a las pirámides porque sé que hay unas joyas preciosas enterradas allí.
Narrador(a): Hortensia trabaja para el gobierno. Quiere encontrar las joyas porque son del gobierno.
Hortensia: Trabajo para el gobierno. Quiero encontrar las joyas porque son del gobierno.
Narrador(a): Hay dos ladrones que van a México. También buscan las joyas. Van a las pirámides.
Dos ladrones: Somos ladrones y vamos a México. También buscamos las joyas. Vamos a las pirámides.
Narrador(a): Hortensia espera llegar primero.
Hortensia: Espero llegar primero.

*Vamos a escribir*
**Let's write a skit in Spanish.**
Narrador(a): _____
Hortensia: _____
Narrador(a): _____
Hortensia: _____
Narrador(a): _____
Dos ladrones: _____
Narrador(a): _____
Hortensia: _____

*Ahora vamos a actuar más*
**Now act out your own skit.**

©2005 Teacher's Discovery, Inc.   www.teachersdiscovery.com

# Examencito escrito

**Speaking Activities For Any Day of the Week**

Name: _____
Date: _____
Class: _____

*Escribe en español* (**10 points-2 points for each sentence**)
Escribe cinco frases sobre Hortensia.
_____
_____
_____
_____
_____
_____

*Contesta en español* (**10 points-2 points for each sentence**)
1. ¿Dónde vive Hortensia? _____
2. ¿Adónde va Hortensia? _____
3. ¿A qué sitio va Hortensia? _____
4. ¿Qué quiere encontrar Hortensia? _____
5. ¿Qué buscan los ladrones? _____

*Traduce al español* (**10 points-2 points for each sentence**)
1. I am going to the Pyramids. _____
2. Hortensia is going to Mexico to find the jewels. _____
3. The thieves are looking for the precious jewels. _____
4. We are going to Spain. _____
_____
5. They are going to Costa Rica. _____
_____

# 13. Chepe y Chepina van a viajar

*("ir a" más el infinitivo)*

## Escuchemos la historia
**Let's listen to the story.**

Déjenme hablarles de Chepe y Chepina. Viven en San Antonio, Texas. Van (**They are going**) a viajar (**to travel**) a Barcelona, España. Van a partir (**to leave**) para Barcelona este (**this**) martes. Van a visitar muchos monumentos en Barcelona. Chepe y Chepina van a gastar (**to spend**) mucho dinero (**money**) en Barcelona porque cuesta (**it costs**) mucho vivir en Barcelona. Van a volver (**to return**) en cuatro semanas. Van a visitar también otras ciudades españolas. Van a divertirse (**to have a good time**) mucho.

## Repasemos "ir a" más el infinitivo.
**Let's review "ir a" *más el infinitivo*.**

Repitan en español.

| *ir a trabajar*-to be going to work ||
|---|---|
| yo voy a trabajar | nosotros/as vamos a trabajar |
| tú vas a trabajar | vosotros/as vais a trabajar |
| él, ella, Ud. va a trabajar | ellos/as, Uds. van a trabajar |

## Contestemos
**Let's answer the following questions in Spanish.**

1. ¿Dónde viven Chepe y Chepina?
2. ¿Cuándo van a partir para Barcelona?
3. ¿Qué van a visitar en Barcelona?
4. ¿Por qué van a gastar mucho dinero?
5. ¿Cuándo van a volver?
6. ¿Qué van a visitar también?

## Escuchemos otra vez
**Let's listen again**

Déjenme hablarles de Chepe y Chepina. Viven en San Antonio, Texas. Van (**They are going**) a viajar (**to travel**) a Barcelona, España. Van a partir (**to leave**) para Barcelona este (**this**) martes. Van a visitar muchos monumentos en Barcelona. Chepe y Chepina van a gastar (**to spend**) mucho dinero (**money**) en Barcelona porque cuesta (**it costs**) mucho vivir en Barcelona. Van a volver (**to return**) en cuatro semanas. Van a visitar también otras ciudades españolas. Van a divertirse (**to have a good time**) mucho.

# Trabajemos en parejas

Name: _____
Date: _____
Class: _____

*Nos toca contar la historia*
**Take turns telling the story of Chepe and Chepina aloud with a partner.**

*Hablemos*
**Take turns saying the following aloud in Spanish.**
1. Chepe and Chepina are going to travel.
2. They are going to visit Barcelona.
3. Chepe is going to return in four weeks.
4. We have to live in Madrid.
5. They are going to travel.
6. I am going to spend a lot of money.

*Digámoslo en español*
**Have a conversation in Spanish with your partner using the following topics.**
1. Chepina asks Chepe if he is going to spend a lot of money in Barcelona.
2. Find out what your friend is going to do (*hacer*) tonight.

*Preguntas y respuestas*
**Take turns forming and answering questions in Spanish based on the following cues.**
1. Ask your friend if he/she is going to visit Barcelona.
2. Ask your friend if he/she is going to return tomorrow.
3. Ask your friend if he/she is going to leave today for Spain.
4. Ask your friend if he/she is going to spend a lot of money.
5. Ask your friend if he/she is going to work a lot.
6. Ask your friend if he/she is going to travel.

# Teatro-En grupos de tres

*Vamos a actuar*
**Working in groups of three, act out the following skit for the class.**
Narrador(a): Déjenme hablarles de Chepe y Chepina. Viven en San Antonio, Texas. Van a viajar a Barcelona.
Chepe y Chepina: Somos Chepe y Chepina. Vivimos en San Antonio, Texas. Vamos a viajar a Barcelona.
Narrador(a): Van a partir para Barcelona este martes. Van a visitar muchos monumentos en Barcelona.
Chepe y Chepina: Vamos a partir para Barcelona este martes. Vamos a visitar muchos monumentos en Barcelona.
Narrador(a): Chepe y Chepina van a gastar mucho dinero en Barcelona porque cuesta mucho vivir en Barcelona.
Chepe y Chepina: Vamos a gastar mucho dinero en Barcelona porque cuesta mucho vivir en Barcelona.
Narrador(a): Van a volver en cuatro semanas. Van a visitar otras ciudades españolas. Van a divertirse mucho.
Chepe y Chepina: Vamos a volver en cuatro semanas. Vamos a visitar otras ciudades españolas. Vamos a divertirnos mucho.

*Vamos a escribir*
**Let's write a skit in Spanish.**
Narrador(a): _____
Chepe y Chepina: _____
Narrador(a): _____
Chepe y Chepina: _____
Narrador(a): _____
Chepe y Chepina: _____
Narrador(a): _____
Chepe y Chepina: _____

*Ahora vamos a actuar más*
**Now act out your own skit.**

**Speaking Activities For Any Day of the Week**

# Examencito escrito

Name: _____
Date: _____
Class: _____

*Escribe en español* (**10 points-2 points for each sentence**)
Escribe cinco frases sobre Chepe y Chepina.
_____
_____
_____
_____
_____

*Contesta en español* (**10 points-2 points for each sentence**)
1. ¿Dónde viven Chepe y Chepina? _____
2. ¿Adónde van a viajar? _____
3. ¿Cuándo van a partir? _____
4. ¿Cuándo van a volver? _____
5. ¿Qué van a gastar? _____

*Traduce al español* (**10 points-2 points for each sentence**)
1. They are going to travel. _____
2. Chepe and Chepina are going to leave for Barcelona. _____
3. Chepe is going to spend a lot of money. _____
4. We are going to return tomorrow. _____
5. Chepina and Chepe are going to visit Barcelona. _____
_____
_____

©2005 Teacher's Discovery, Inc.  www.teachersdiscovery.com

# 14. Alicia, la cantante
(el verbo ser)

*Escuchemos la historia*
**Let's listen to the story.**

Déjenme hablarles de Alicia. Alicia es española. Es cantante. Ella canta en un club en Madrid. Alicia es de Valladolid, España. Su madre es de Sevilla y su padre es de Valladolid. La madre de Alicia es música y su padre es cantante. Alicia es muy guapa. Es muy alta e inteligente. Alicia tiene una voz muy especial. Cada vez que canta, el club está lleno de gente. Alicia canta muchas canciones españolas. Gana mucho dinero. Es muy rica.

*Repasemos el verbo "ser"*
**Let's review the verb "ser".**

Repitan en español.

| ser-to be ||
|---|---|
| yo soy | nosotros/as somos |
| tú eres | vosotros/as sois |
| él, ella, Ud. es | ellos/as, Uds. son |

*Contestemos*
**Let's answer the following questions in Spanish.**

1. ¿De dónde es Alicia?
2. ¿Qué es Alicia?
3. ¿Dónde canta ella?
4. ¿De dónde son sus padres?
5. ¿Cómo es Alicia?
6. ¿Es muy rica Alicia?

*Escuchemos otra vez*
**Let's listen again**

Déjenme hablarles de Alicia. Alicia es española. Es cantante. Ella canta en un club en Madrid. Alicia es de Valladolid, España. Su madre es de Sevilla y su padre es de Valladolid. La madre de Alicia es música y su padre es cantante. Alicia es muy guapa. Es muy alta e inteligente. Alicia tiene una voz muy especial. Cada vez que canta, el club está lleno de gente. Alicia canta muchas canciones españolas. Gana mucho dinero. Es muy rica.

# Trabajemos en parejas

*Nos toca contar la historia*
**Take turns telling the story of Alicia aloud with a partner.**

*Hablemos*
**Take turns saying the following aloud in Spanish.**
1. Alicia is Spanish.
2. Alicia is a singer.
3. Her mother is from Sevilla.
4. Alicia is very good-looking.
5. Alicia is tall and intelligent.
6. She is very rich.

*Digámoslo en español*
**Have a conversation in Spanish with your partner using the following topics.**
1. Say what Alicia is like.
2. Say what each of you is like.

*Preguntas y respuestas*
**Take turns forming and answering questions in Spanish based on the following cues.**
1. Ask your friend if he/she is good-looking (handsome).
2. Ask your friend if he/she is rich.
3. Ask your friend if he/she is from Madrid.
4. Ask your friends if they are from Valladolid.
5. Ask your friends if they sing a lot.
6. Ask your friend if he/she is a singer.

**Speaking Activities For Any Day of the Week**

# Teatro-En grupos de cuatro

Name: _____
Date: _____
Class: _____

## *Vamos a actuar*
**Working in groups of four, act out the following skit for the class.**

Narrador(a): Déjenme hablarles de Alicia. Alicia es española. Es cantante. Ella canta en un club en Madrid.
Alicia: Soy Alicia. Soy española. Soy cantante. Canto en un club en Madrid.
Narrador(a): Alicia es de Valladolid. Su madre es de Sevilla y su padre es de Valladolid.
Alicia: Soy de Valladolid.
Su madre: Soy de Sevilla.
Su padre: Soy de Valladolid.
Narrador(a): La madre de Alicia es música y su padre es cantante. Alicia es muy guapa. Es muy alta e inteligente. Alicia tiene una voz especial. Cada vez que canta, el club está lleno de gente.
Su madre: Soy música.
Su padre: Soy cantante.
Alicia: Soy muy guapa. Soy muy alta e inteligente. Tengo una voz especial. Cada vez que canto, el club está lleno de gente.
Narrador(a): Alicia canta muchas canciones españolas. Gana mucho dinero. Es muy rica.
Alicia: Canto muchas canciones españolas. Gano mucho dinero. Soy muy rica.

## *Vamos a escribir*
**Let's write a skit in Spanish.**

Narrador(a): _____
Alicia: _____
Narrador(a): _____
Alicia: _____
Narrador(a): _____
Sus padres: _____
_____
Narrador(a): _____
_____
Sus padres: _____
_____
Alicia: _____
_____
Narrador(a): _____
_____
Alicia: _____
_____

## *Ahora vamos a actuar más*
**Now act out your own skit.**

# Examencito escrito

**Name:** _____
**Date:** _____
**Class:** _____

*Speaking Activities For Any Day of the Week*

*Escribe en español* (**10 points-2 points for each sentence**)
Escribe cinco frases sobre Alicia.
_____
_____
_____
_____
_____

*Contesta en español* (**10 points-2 points for each sentence**)
1. ¿Cómo es Alicia? _____
2. ¿De dónde es Alicia? _____
3. ¿De dónde es su madre? _____
4. ¿Es rica Alicia? _____
5. ¿Qué es Alicia? _____

*Traduce al español* (**10 points-2 points for each sentence**)
1. Alicia sings in Madrid. _____
2. Alicia is a singer. _____
3. Alicia is tall and smart. _____
4. Alicia is from Valladolid. _____
_____
5. Alicia is Spanish. _____

# 15. Fabián está enfermo

(el verbo estar)

## *Escuchemos la historia*
**Let's listen to the story.**

Déjenme hablarles de Fabián. Fabián está enfermo (**sick**). Está en el hospital. Está muy cansado (**tired**). Está triste (**sad**). El doctor no está contento (**happy**) porque Fabián está enfermo. Fabián no está de buen humor (**in a good mood**). Está de mal humor (**in a bad mood**) porque no se siente (**feels**) bien. Quiere (**He wants**) salir (**to leave**) del hospital pero no puede (**can**). El doctor está hablando (**is speaking**) con Fabián. Está ayudando (**He is helping**) a Fabián. ¡Pobre (**poor**) Fabián!

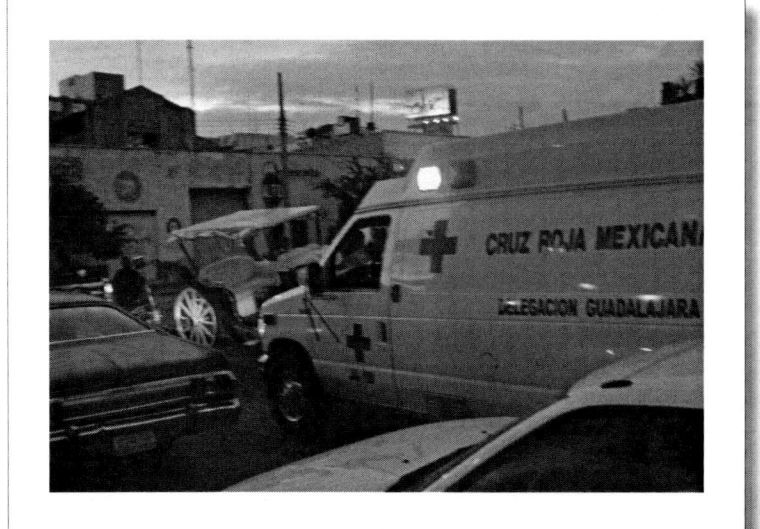

## *Repasemos el verbo "estar".*
**Let's review the verb "to be"**

Repitan en español.

| estar-to be ||
|---|---|
| yo estoy | nosotros/as est-amos |
| tú est-ás | vosotros/as est-áis |
| él, ella, Ud. est-á | ellos/as, Uds. est-án |

## *Contestemos*
**Let's answer the following questions in Spanish.**

1. ¿Cómo está Fabián?
2. ¿Cómo está el doctor?
3. ¿Dónde está Fabián?
4. ¿Está de buen humor Fabián?
5. ¿Qué quiere hacer Fabián?
6. ¿Quién está ayudando a Fabián?

## *Escuchemos otra vez*
**Let's listen again.**

Déjenme hablarles de Fabián. Fabián está enfermo (**sick**). Está en el hospital. Está muy cansado (**tired**). Está triste (**sad**). El doctor no está contento (**happy**) porque Fabián está enfermo. Fabián no está de buen humor (**in a good mood**). Está de mal humor (**in a bad mood**) porque no se siente (**feels**) bien. Quiere (**He wants**) salir (**to leave**) del hospital pero no puede (**can**). El doctor está hablando (**is speaking**) con Fabián. Está ayudando (**He is helping**) a Fabián. ¡Pobre (**poor**) Fabián!

# Trabajemos en parejas

Name: _____

Date: _____

Class: _____

*Nos toca contar la historia*
**Take turns telling the story of Fabián aloud with a partner.**

*Hablemos*
**Take turns saying the following aloud in Spanish.**
1. Fabián is sick.
2. Fabián is in the hospital.
3. Fabián is sad.
4. They are in a bad mood.
5. We are in a good mood.
6. The doctor is helping Fabián.

*Digámoslo en español*
**Have a conversation in Spanish with your partner using the following topics.**
1. Say how Fabián is.
2. Say how each of you is.

*Preguntas y respuestas*
**Take turns forming and answering questions in Spanish based on the following cues.**
1. Ask your friend if he/she is sick.
2. Ask your friend if he/she is tired.
3. Ask your friend if he/she is in the hospital.
4. Ask your friends if they are happy.
5. Ask your friends if they are sad.
6. Ask your friend if he/she is speaking Spanish.

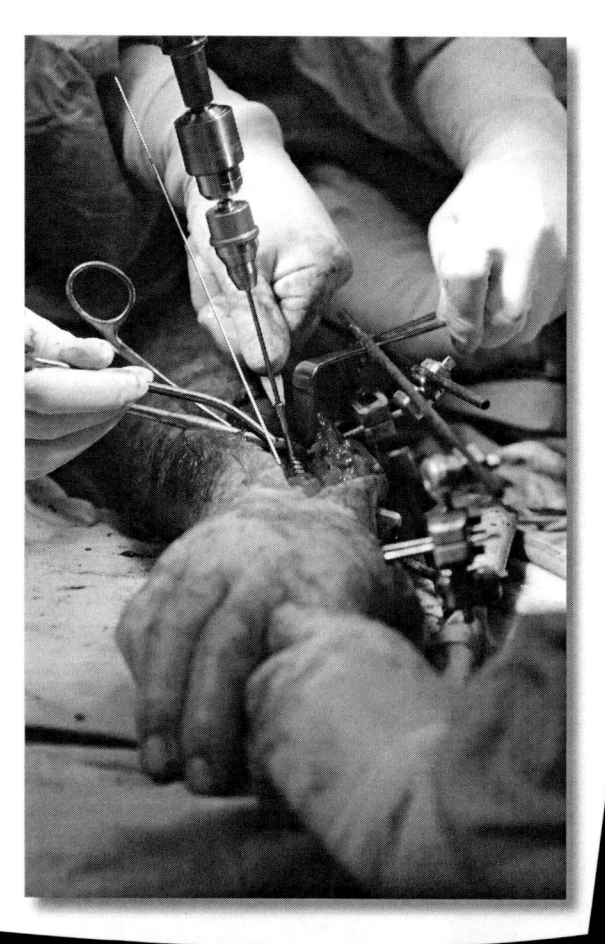

# Teatro-En grupos de tres

*Speaking Activities For Any Day of the Week*

Name: _____
Date: _____
Class: _____

*Vamos a actuar*
**Working in groups of three, act out the following skit for the class.**
Narrador(a): Déjenme hablarles de Fabián. Fabián está enfermo. Está en el hospital.
Fabián: Soy Fabián. Estoy enfermo. Estoy en el hospital.
Narrador(a): Está muy cansado. Está triste. El doctor no está contento porque Fabián está enfermo.
Fabián: Estoy muy cansado. Estoy triste.
Doctor: No estoy contento porque Fabián está enfermo.
Narrador(a): Fabián no está de buen humor. Está de mal humor porque no se siente bien. Quiere salir del hospital pero no puede. El doctor está hablando con Fabián.
Fabián: No estoy de buen humor. Estoy de mal humor porque no me siento bien. Quiero salir del hospital pero no puedo.
Doctor: Estoy hablando con Fabián.
Narrador(a): Está ayudando a Fabián. ¡Pobre Fabián!
Doctor: Estoy ayudando a Fabián. ¡Pobre Fabián!

*Vamos a escribir*
**Let's write a skit in Spanish.**
Narrador(a): _____
Fabián: _____
Narrador(a): _____
Fabián: _____
Doctor: _____
Narrador(a): _____
Fabián: _____
Doctor: _____
Narrador(a) _____
Doctor: _____
_____
_____

*Ahora vamos a actuar más*
**Now act out your own skit.**

# Examencito escrito

Name: _____

Date: _____

Class: _____

*Escribe en español* (**10 points-2 points for each sentence**)
Escribe cinco frases sobre Fabián.
_____
_____
_____
_____
_____

*Contesta en español* (**10 points-2 points for each sentence**)
1. ¿Está bien Fabián? _____
2. ¿Está enfermo Fabián? _____
3. ¿Está triste Fabián? _____
4. ¿Está contento el doctor? _____
5. ¿Dónde está Fabián? _____

*Traduce al español* (**10 points-2 points for each sentence**)
1. Fabián is not happy. _____
2. Fabián and the doctor are in the hospital. _____
3. Fabián wants to leave the hospital. _____
4. Fabián is tired. _____
_____
5. The doctor is helping Fabián. _____
_____

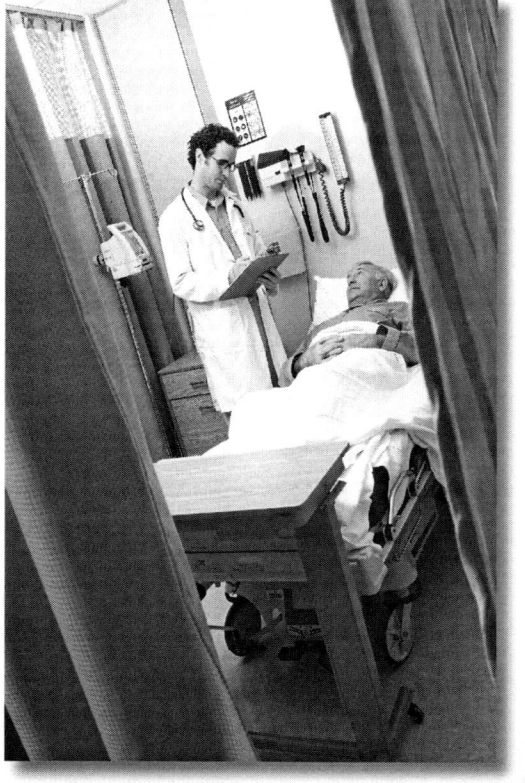

# 16. Patricia sabe patinar en ruedas y conoce París

(los verbos saber-conocer)

*Escuchemos la historia*
**Let's listen to the story.**
Déjenme hablarles de Patricia. Patricia vive en París, Francia. Ella sabe (**She knows how to**) hablar francés. Sabe patinar sobre ruedas (**to roller skate**). Sabe cocinar (**to cook**) muy bien. Sabe leer y escribir el francés (**French**). Patricia conoce (**knows-is acquainted with**) muy bien París. Conoce a mucha gente (**people**) francesa. Conoce al Presidente de Francia. Patricia tiene muchos amigos famosos porque gana (**she wins**) muchas competiciones (**contests**) patinando sobre ruedas.

*Repasemos los verbos "saber y conocer"*
**Let's review the verbs "saber and conocer".**
Repitan en español.

| *saber*-to know (facts, how to), *conocer*-to know (people, places) ||
|---|---|
| Yo sé, conozco | nosotros/as sab-emos, conoc-emos |
| tú sab-es, conoc-es | vosotros/as sab-éis, conoc-éis |
| el, ella, Ud. sab-e, conoc-e | ellos/as, Uds. sab-en, conoc-en |

*Contestemos*
**Let's answer the following questions in Spanish.**
1. ¿Dónde vive Patricia?
2. ¿Sabe hablar Patricia francés?
3. ¿Sabe ella patinar sobre ruedas?
4. ¿Sabe Patricia cocinar, leer y escribir el francés?
5. ¿Qué ciudad conoce ella?
6. ¿Conoce Patricia a mucha gente francesa?
7. ¿A cuál persona famosa conoce ella?
8. ¿Por qué tiene Patricia tantos amigos famosos?

*Escuchemos otra vez*
**Let's listen again**
Déjenme hablarles de Patricia. Patricia vive en París, Francia. Ella sabe (**She knows how to**) hablar francés. Sabe patinar sobre ruedas (**to roller skate**). Sabe cocinar (**to cook**) muy bien. Sabe leer y escribir el francés (**French**). Patricia conoce (**knows-is acquainted with**) muy bien París. Conoce a mucha gente (**people**) francesa. Conoce al Presidente de Francia. Patricia tiene muchos amigos famosos porque gana (**she wins**) muchas competiciones (**contests**) patinando sobre ruedas.

## Trabajemos en parejas

*Nos toca contar la historia*
**Take turns telling the story of Patricia aloud with a partner.**

*Hablemos*
**Take turns saying the following aloud in Spanish.**
1. Patricia knows how to roller skate.
2. She knows how to cook.
3. Patricia knows how to speak, read, and write French.
4. She knows (is acquainted with) Paris.
5. Patricia knows lots of famous people because she knows how to roller skate well.
6. I know how to study.

*Digámoslo en español*
**Have a conversation in Spanish with your partner using the following topics.**
1. Say what you know how to do.
2. Say what cities each of you is acquainted with.

*Preguntas y respuestas*
**Take turns forming and answering questions in Spanish based on the following cues.**
1. Ask your friend if he/she knows how to cook.
2. Ask your friend if he/she knows how to read.
3. Ask your friend if he/she knows how to speak French.
4. Ask your friends if they know (are acquainted with) Madrid.
5. Ask your friends if they know President Bush.
6. Ask your friend if he/she knows how to study.

# Teatro-En parejas

Name: _____
Date: _____
Class: _____

*Vamos a actuar*
**Working with a partner, act out the following skit for the class.**
Narrador(a): Déjenme hablarles de Patricia. Patricia vive en París, Francia. Ella sabe hablar francés. Sabe patinar sobre ruedas.
Patricia: Soy Patricia. Vivo en París, Francia. Sé hablar francés. Sé patinar sobre ruedas.
Narrador(a): Sabe cocinar muy bien. Sabe leer y escribir el francés.
Patricia: Sé cocinar muy bien. Sé leer y escribir el francés.
Narrador(a): Patricia conoce muy bien París. Conoce a mucha gente francesa.
Patricia: Conozco muy bien París. Conozco a mucha gente francesa.
Narrador(a): Conoce al Presidente de Francia. Patricia tiene muchos amigos famosos porque gana muchas competiciones patinando sobre ruedas.
Patricia: Conozco al Presidente de Francia. Tengo muchos amigos famosos porque gano muchas competiciones patinando sobre ruedas.

*Vamos a escribir*
**Let's write a skit in Spanish.**
Narrador(a): _____
Patricia: _____
Narrador(a): _____
Patricia: _____
Narrador(a): _____
Patricia: _____
Narrador(a): _____
Patricia: _____
_____
_____
_____

*Ahora vamos a actuar más*
**Now act out your own skit.**

# Examencito escrito

**Name:** _____

**Date:** _____

**Class:** _____

*Escribe en español* (**10 points-2 points for each sentence**)
Escribe cinco frases sobre Patricia.
_____
_____
_____
_____
_____

*Contesta en español* (**10 points-2 points for each sentence**)
1. ¿Dónde vive Patricia? _____
2. ¿Sabe ella patinar sobre ruedas? _____
3. ¿Sabe Patricia hablar francés? _____
4. ¿Qué ciudad conoce ella? _____
5. ¿Conoce Patricia a mucha gente famosa? _____

*Traduce al español* (**10 points-2 points for each sentence**)
1. Patricia knows how to read and write French. _____
2. Patricia knows how to cook. _____
3. I know how to speak French. _____
4. Patricia knows (is acquainted with) Paris. ____
_____
5. We know how to roller skate. _____
_____

# 17. Tomás tiene sed
### (los modismos de tener)

*Escuchemos la historia*
**Let's listen to the story**
Déjenme hablarles de Tomás. Tomás vive en África. Tomás tiene mucha sed (**is very thirsty**). Hace mucho calor, así que Tomás tiene calor. Tiene prisa (**He is in a hurry**) porque tiene hambre (is **hungry**). Hay serpientes y muchos insectos venenosos (**poisonous**). Tomás tiene miedo (**is afraid**). Tomás tiene mucha suerte (**is very lucky**). Ve (**He sees**) un coche. Ve a sus amigos. Puede salir del desierto. Tomás tiene sueño (**is sleepy**). Necesita descansar (**to rest**).

*Repasemos el verbo "tener con los modismos"*
**Let's review the verb** *"tener idioms"*.

| *tener sueño*-to be sleepy (to have sleep) ||
| --- | --- |
| yo tengo sueño | nosotros/as ten-emos sueño |
| tú tien-es sueño | vosotros/as ten-éis sueño |
| él, ella, Ud. tien-e sueño | ellos/as, Uds. tien-en sueño |

Tener hambre, tener sueño, tener suerte, tener sed, tener miedo, tener prisa-**to be in a hurry**, tener calor-**to be hot**, tener frío-**to be cold**.

*Contestemos*
**Let's answer the following questions in Spanish.**
1. ¿Dónde vive Tomás?
2. ¿Por qué tiene sed Tomás?
3. ¿Por qué tiene prisa Tomás?
4. ¿Por qué tiene miedo?
5. ¿Por qué tiene suerte Tomás?
6. ¿Por qué necesita descansar Tomás?

*Escuchemos otra vez*
**Let's listen again.**
Déjenme hablarles de Tomás. Tomás vive en África. Tomás tiene mucha sed (**is very thirsty**). Hace mucho calor, así que Tomás tiene calor. Tiene prisa (**He is in a hurry**). porque tiene hambre (**is Hungry**). Hay serpientes y muchos insectos venenosos (**poisonous**). Tomás tiene miedo (**is afraid**). Tomás tiene mucha suerte (**is very lucky**). Ve (**He sees**) un coche. Ve a sus amigos. Puede salir del desierto. Tomás tiene sueño (**is sleepy**). Necesita descansar (**to rest**).

**Speaking Activities For Any Day of the Week**

# Trabajemos en parejas

Name: _____

Date: _____

Class: _____

*Nos toca contar la historia*
**Take turns telling the story of Tomás aloud with a partner.**

*Hablemos*
**Take turns saying the following aloud in Spanish.**
1. Tomás is sleepy.
2. Tomás is thirsty and hot.
3. Tomás is lucky.
4. They are afraid.
5. We are in a hurry.
6. I am hungry.

*Digámoslo en español*
**Have a conversation in Spanish with your partner using the following topics.**
1. You talk with your three friends. Tell them why you are in a hurry.
2. You and your three friends talk about why you are lucky.
3. You and your three friends talk about why you are afraid.

*Preguntas y respuestas*
**Take turns forming and answering questions in Spanish based on the following cues.**
1. Ask your friends if they are lucky.
2. Ask your friends if they are afraid.
3. Ask your friends if they are thirsty.
4. Ask your friends if they are hungry.
5. Ask your friends if they are sleepy.
6. Ask your friends if they are in a hurry.

©2005 Teacher's Discovery, Inc.    www.teachersdiscovery.com

# Teatro-En parejas

**Speaking Activities For Any Day of the Week**

Name: _____

Date: _____

Class: _____

*Vamos a actuar*
**Working with a partner, act out the following skit for the class.**

Narrador(a): Déjenme hablarles de Tomás. Tomás vive en África. Tomás tiene mucha sed.
Tomás: Soy Tomás. Vivo en África. Tengo mucha sed.
Narrador(a): Hace mucho calor, así que Tomás tiene calor. Tiene prisa. Tomás tiene hambre.
Tomás: Hace mucho calor, así que tengo calor. Tengo prisa. Tengo hambre.
Narrador(a): Hay serpientes y muchos insectos venenosos. Tomás tiene miedo.
Tomás: Hay serpientes y muchos insectos venenosos. Tengo miedo.
Narrador(a): Tomás tiene mucha suerte. Ve un coche. Ve a sus amigos. Puede salir del desierto. Tomás tiene sueño. Necesita descansar.
Tomás: Tengo mucha suerte. Veo un coche. Veo a mis amigos. Puedo salir del desierto. Tengo sueño. Necesito descansar.

*Vamos a escribir*
**Let's write a skit in Spanish.**

Narrador(a): _____
Tomás: _____
Narrador(a): _____
Tomás: _____
Narrador(a): _____
Tomás: _____
_____
Narrador(a): _____
_____
Tomás: _____
_____

*Ahora vamos a actuar más*
**Now act out your own skit.**

**Speaking Activities For Any Day of the Week**

# Examencito escrito

Name: _____

Date: _____

Class: _____

*Escribe en español* (**10 points-2 points for each sentence**)
Escribe cinco frases sobre Tomás.
_____
_____
_____
_____
_____

*Contesta en español* (**10 points-2 points for each sentence**)
1. ¿Dónde está Tomás? _____
2. ¿Por qué tiene sed Tomás? _____
3. ¿Por qué tiene miedo Tomás? _____
4. ¿Por qué tiene suerte Tomás? _____
5. ¿Por qué necesita descansar? _____

*Traduce al español* (**10 points-2 points for each sentence**)
1. Tomás is afraid. _____
_____

2. They are thirsty and hot. _____
_____

3. We are lucky. _____
_____

4. I am sleepy. _____
_____

5. Tomás is hungry. _____
_____

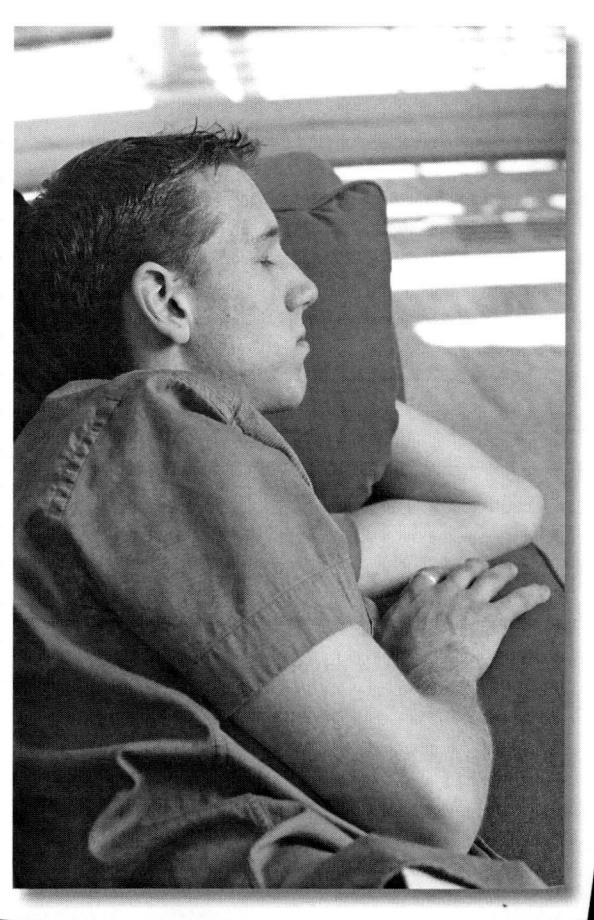

©2005 Teacher's Discovery, Inc.   www.teachersdiscovery.com

# 18. A Pancho le gusta la guitarra
(el verbo gustar)

*Speaking Activities For Any Day of the Week*

Name: _____
Date: _____
Class: _____

## *Escuchemos la historia*
**Let's listen to the story.**

Déjenme hablarles de mi amigo Pancho. A Pancho le gusta la guitarra. Le gusta tocar (**to play**) la guitarra. Le gusta comer (**to eat**). Le gustan los dulces (**candy**). A Pancho le gusta cantar (**to sing**). Canta "**rock and roll**". A Pancho le gusta ir a las fiestas. Le gusta hablar con sus (**his**) amigos en las fiestas. Pancho quiere (**he wants**) ser un cantante (**singer**) famoso. Quiere organizar el concierto, "Pancho en Vivo". A Pancho le gusta soñar. Pancho quiere ser famoso. Es muy popular con sus amigos.

## *Repasemos el verbo "gustar"*
**Let's review the verb *"gustar"*.**

Repitan en español.

| *gustar*-to be pleasing (to like) ||
|---|---|
| me gust-a el libro, nos gust-a el libro | me gust-an los libros, nos gust-an los libros |
| te gust-a el libro, os gust-a el libro | te gust-an los libros, os gust-an los libros |
| le gust-a el libro, les gust-a el libro | le gust-an los libros, les gust-an los libros |

## *Contestemos*
**Let's answer the following questions in Spanish.**

1. ¿Le gusta a Pancho tocar la guitarra?
2. ¿Qué le gusta a Pancho?
3. ¿Qué canta Pancho?
4. ¿Le gusta a Pancho ir a las fiestas?
5. ¿Qué quiere ser Pancho?
6. ¿Es muy popular Pancho con sus amigos?

## *Escuchemos otra vez*
**Let's listen again.**

Déjenme hablarles de mi amigo Pancho. A Pancho le gusta la guitarra. Le gusta tocar (**to play**) la guitarra. Le gusta comer (**to eat**). Le gustan los dulces (**candy**). A Pancho le gusta cantar (**to sing**). Canta "**rock and roll**". A Pancho le gusta ir a las fiestas. Le gusta hablar con sus (**his**) amigos en las fiestas. Pancho quiere (**he wants**) ser un cantante (**singer**) famoso. Quiere organizar el concierto, "Pancho en Vivo". A Pancho le gusta soñar. Pancho quiere ser famoso. Es muy popular con sus amigos.

# Trabajemos en parejas

*Nos toca contar la historia*
**Take turns telling the story of Pancho aloud with a partner.**

*Hablemos*
**Take turns saying the following aloud in Spanish.**
1. Pancho likes to sing.
2. Pancho likes to go to the parties.
3. I like the guitar.
4. We like guitars.
5. They like the guitar.
6. They like guitars.

*Digámoslo en español*
**Have a conversation in Spanish with your partner using the following topics.**
1. Say what Pancho likes.
2. Say what each of you like.

*Preguntas y respuestas*
**Take turns forming and answering questions in Spanish based on the following cues.**
1. Ask your friend if he/she likes candy.
2. Ask your friend if he/she likes to play the guitar.
3. Ask your friend if he/she likes parties.
4. Ask your friend if he/she likes to sing.
5. Ask your friend if he/she likes to eat.
6. Ask your friend if he/she likes guitars.

# Teatro-En parejas

Name: _____
Date: _____
Class: _____

*Vamos a actuar*
**Working with a partner, act out the following skit for the class.**
Narrador(a): Déjenme hablarles de mi amigo Pancho. A Pancho le gusta la guitarra. Le gusta tocar la guitarra.
Pancho: Soy Pancho. Me gusta la guitarra. Me gusta tocar la guitarra.
Narrador(a): Le gusta comer. Le gustan los dulces.
Pancho: Me gusta comer. Me gustan los dulces.
Narrador(a): A Pancho le gusta ir a las fiestas. Le gusta hablar con sus amigos en las fiestas.
Pancho: A mí me gusta ir a las fiestas. Me gusta hablar con mis amigos en las fiestas.
Narrador(a): Pancho quiere ser un cantante famoso. Quiere organizar el concierto, "Pancho en Vivo". A Pancho le gusta soñar. Pancho quiere ser famoso. Es muy popular con sus amigos.
Pancho: Quiero ser un cantante famoso. Quiero organizar el concierto, "Pancho en Vivo". A mí me gusta soñar. Quiero ser famoso. Soy muy popular con mis amigos.

*Vamos a escribir*
**Let's write a skit in Spanish.**
Narrador(a): _____
Pancho: _____
Narrador(a): _____
Pancho: _____
Narrador(a): _____
Pancho: _____
Narrador(a): _____
Pancho: _____

_____
_____
_____
_____

*Ahora vamos a actuar más*
**Now act out your own skit.**

## Examencito escrito

*Speaking Activities For Any Day of the Week*

Name: _____
Date: _____
Class: _____

*Escribe en español* (**10 points-2 points for each sentence**)
Escribe cinco frases sobre Pancho.
_____
_____
_____
_____
_____

*Contesta en español* (**10 points-2 points for each sentence**)
1. ¿Qué le gusta tocar a Pancho? _____
2. ¿Qué canta Pancho? _____
3. ¿Le gusta a Pancho ir a las fiestas? _____
4. ¿Qué quiere ser Pancho? _____
5. ¿Qué quiere organizar Pancho? _____

*Traduce al español* (**10 points-2 points for each sentence**)
1. Pancho likes to sing. _____
2. Pancho likes the guitar. _____
3. We like guitars. _____
4. I like to eat. _____
5. You (fam.) like to play the guitar. _____

## 19. Pedro Pantera se acuesta en un árbol
### (los verbos reflexivos)

*Escuchemos la historia*
**Let's listen to the story**
Déjenme hablarles de Pedro Pantera. Pedro vive en la selva (**jungle**) de África. Pedro se acuesta (**goes to bed**) en un árbol (**tree**) a las nueve de la noche. Se despierta (**He wakes up**) muy temprano. Se levanta (**He gets up**), se lava (**he washes**) la cara (**his face**) y se baña (**takes a bath**) en un lago (**lake**). Se cepilla (**He brushes**) el pelo (**his hair**). Se pone (**He puts on**) los zapatos (**his shoes**) y da un paseo (**he takes a walk**) por la selva.

*Repasemos los verbos reflexivos.*
**Let's review the reflexive verbs.**
Repitan en español.
Acostarse (ue)-**to go to bed**, despertarse (ie)-**to wake up**, levantarse-**to get up**, lavarse-**to wash one's self**, bañarse-**to take a bath**, cepillarse-**to brush one's hair**, ponerse-**to put on**.

| *levantarse*-to get up ||
|---|---|
| yo me levant-o | nosotros/as nos levant-amos |
| tú te levant-as | vosotros/as os levant-áis |
| el, ella, Ud. se levant-a | ellos/as, Uds. se levant-an |

*Contestemos*
**Let's answer the following questions in Spanish.**
1. ¿Dónde vive Pedro Pantera?
2. ¿Dónde se acuesta Pedro?
3. ¿A qué hora se acuesta?
4. ¿Cuándo se despierta Pedro Pantera?
5. ¿Dónde se lava la cara y se baña?
6. ¿Qué se cepilla?
7. ¿Qué se pone?
8. ¿Qué da Pedro Pantera?

*Escuchemos otra vez*
**Let's listen again.**
Déjenme hablarles de Pedro Pantera. Pedro vive en la selva (**jungle**) de África. Pedro se acuesta (**goes to bed**) en un árbol (**tree**) a las nueve de la noche. Se despierta (**He wakes up**) muy temprano. Se levanta (**He gets up**), se lava (**he washes**) la cara (**his face**) y se baña (**takes a bath**) en un lago (**lake**). Se cepilla (**He brushes**) el pelo (**his hair**). Se pone (**He puts on**) los zapatos (**his shoes**) y da un paseo (**he takes a walk**) por la selva.

# Trabajemos en parejas

**Speaking Activities For Any Day of the Week**

Name: _____
Date: _____
Class: _____

*Nos toca contar la historia*
**Take turns telling the story aloud with a partner.**

*Hablemos*
**Take turns saying the following aloud in Spanish.**
1. Pedro Pantera goes to bed early.
2. Pedro Pantera wakes up early.
3. Pedro washes his face and takes a bath in a lake.
4. I brush my hair.
5. They put on their shoes.
6. We wake up early.

*Digámoslo en español*
**Have a conversation in Spanish with your partner using the following topics.**
1. You talk with your three friends. Tell them what you do in the morning.
2. You and your three friends talk about what you do in the evening.
3. You and your three friends talk about when you go to bed and get up.

*Preguntas y respuestas*
**Take turns forming and answering questions in Spanish based on the following cues.**
1. Ask your friends if they go to bed early.
2. Ask your friends if they get up early or late.
3. Ask your friends if they take a bath.
4. Ask your friends if they brush their hair.
5. Ask your friends if they wash their face.
6. Ask your friends if they wake up late.

# Teatro-En parejas

Name: _____

Date: _____

Class: _____

*Vamos a actuar*
**Working with a partner, act out the following skit for the class.**
Narrador(a): Déjenme hablarles de Pedro Pantera. Vive en la selva de África.
Pedro Pantera: Soy Pedro Pantera. Vivo en la selva de África.
Narrador(a): Pedro se acuesta en un árbol a las nueve de la noche.
Pedro Pantera: Me acuesto en un árbol a las nueve de la noche.
Narrador(a): Se despierta muy temprano. Se levanta, se lava la cara y se baña en un lago.
Pedro Pantera: Me despierto muy temprano. Me levanto, me lavo la cara y me baño en un lago.
Narrador(a): Se cepilla el pelo. Se pone los zapatos y da un paseo por la selva.
Pedro Pantera: Me cepillo el pelo. Me pongo los zapatos y doy un paseo por la selva.

*Vamos a escribir*
**Let's write a skit in Spanish.**

Narrador(a): _____

Pedro Pantera: _____

Narrador(a): _____

Pedro Pantera: _____

Narrador(a): _____

Pedro Pantera: _____

Narrador(a): _____

Pedro Pantera: _____

*Ahora vamos a actuar más*
**Now act out your own skit.**

**Speaking Activities For Any Day of the Week**

# Examencito escrito

Name: _____
Date: _____
Class: _____

*Escribe en español* (**10 points-2 points for each sentence**)
Escribe cinco frases sobre Pedro Pantera.
_____
_____
_____
_____
_____

*Contesta en español* (**10 points-2 points for each sentence**)
1. ¿Dónde vive Pedro Pantera? _____
2. ¿Cuándo se acuesta Pedro Pantera? _____
3. ¿Dónde se acuesta Pedro? _____
4. ¿Cuándo se despierta? _____
5. ¿Dónde se lava la cara y se baña? _____

*Traduce al español* (**10 points-2 points for each sentence**)
1. Pedro Pantera gets up early. _____
2. Pedro Pantera goes to bed late. _____
3. Pedro Pantera washes his face and takes a bath. _____
4. I brush my hair. _____
5. They put on their shoes. _____

©2005 Teacher's Discovery, Inc.    www.teachersdiscovery.com

**Speaking Activities For Any Day of the Week**

# 20. Santa Claus les trae regalos
*(otros verbos irregulares)*

Name: _____
Date: _____
Class: _____

## *Escuchemos la historia*
### Let's listen to the story.
Déjenme hablarles de Santa Claus. Santa Claus les trae (**brings**) regalos a los niños (**children-kids**). Les da (**he gives**) muchos juguetes (**toys**) a los niños. Santa Claus sale (**leaves**) del Polo Norte para viajar a las casas de los niños. ¿Qué hace (**is doing**) Santa? Santa hace (**makes**) muchos juguetes. Santa está muy ocupado (**busy**) todo el año.

## *Repasemos los verbos irregulares*
### Let's review the irregular verbs.
Repitan en español.

| *traer*-to bring, *salir*-to leave, *hacer*-to do, to make ||
|---|---|
| yo traigo, salgo, hago | nosotros/as tra-emos, sal-imos, hac-emos |
| tú tra-es, sal-es, hac-es | vosotros/as tra-éis, sal-ís, hac-éis |
| el, ella, Ud. tra-e, sal-e, hac-e | ellos/as, Uds. tra-en, sal-en, hac-en |

## *Contestemos*
### Let's answer the following questions in Spanish.
1. ¿Qué les trae Santa a los niños?
2. ¿Qué les da Santa a los niños?
3. ¿De dónde sale Santa?
4. ¿Qué hace Santa?
5. ¿Está muy ocupado Santa?
6. ¿Por qué está ocupado Santa?

## *Escuchemos otra vez*
### Let's listen again.
Déjenme hablarles de Santa Claus. Santa Claus les trae (**brings**) regalos a los niños (**children-kids**). Les da (**he gives**) muchos juguetes (**toys**) a los niños. Santa Claus sale (**leaves**) del Polo Norte para viajar a las casas de los niños. ¿Qué hace (**is doing**) Santa? Santa hace (**makes**) muchos juguetes. Santa está muy ocupado (**busy**) todo el año.

# Trabajemos en parejas

*Nos toca contar la historia*
**Take turns telling the story of Santa Claus aloud with a partner.**

*Hablemos*
**Take turns saying these sentences aloud in Spanish.**
1. Santa Claus brings gifts.
2. I bring gifts.
3. I leave from New York.
4. Santa Claus leaves from the North Pole.
5. I make toys.
6. Santa Claus makes toys.

*Digámoslo en español*
**Have a conversation in Spanish with your partner using the following topics.**
1. Say what Santa Claus brings to the children.
2. Say what Santa Claus is doing.

*Preguntas y respuestas*
**Take turns forming and answering questions in Spanish based on the following cues.**
1. Ask your friend if he/she makes toys.
2. Ask your friend if he/she is leaving.
3. Ask your friend if he/she brings gifts.
4. Ask your friend if he/she is busy.
5. Ask your friend if he/she gives gifts.
6. Ask your friend if he/she is leaving for Madrid.

# Teatro-En parejas

*Vamos a actuar*
**Working with a partner, act out the following skit for the class.**

Narrador(a): Déjenme hablarles de Santa Claus. Santa Claus les trae regalos a los niños.
Santa Claus: Soy Santa Claus. Les traigo regalos a los niños.
Narrador(a): Les da muchos juguetes a los niños.
Santa Claus: Les doy muchos juguetes a los niños.
Narrador(a): Santa Claus sale del Polo Norte para viajar a las casas de los niños.
Santa Claus: Salgo del Polo Norte para viajar a las casas de los niños.
Narrador(a): ¿Qué hace Santa? Santa hace muchos juguetes. Santa está muy ocupado todo el año.
Santa Claus: ¿Qué hago? Hago muchos juguetes. Estoy muy ocupado todo el año.

*Vamos a escribir*
**Let's write a skit in Spanish.**

Narrador(a): _____
Santa Claus: _____
Narrador(a): _____
Santa Claus: _____
Narrador(a): _____
Santa Claus: _____
Narrador(a): _____
Santa Claus: _____

*Ahora vamos a actuar más*
**Now act out your own skit.**

# Examencito escrito

Name: _____
Date: _____
Class: _____

*Escribe en español* (**10 points-2 points for each sentence**)
Escribe cinco frases sobre Santa Claus.
_____
_____
_____
_____
_____

*Contesta en español* (**10 points-2 points for each sentence**)
1. ¿Qué les trae Santa Claus a los niños? _____
2. ¿Qué les da Santa a los niños? _____
3. ¿De dónde sale Santa? _____
4. ¿Está ocupado Santa? _____
5. ¿Qué hace Santa? _____

*Traduce al español* (**10 points-2 points for each sentence**)
1. Santa brings gifts. _____
2. I make toys. _____
3. I leave for Madrid. _____
4. Santa makes toys. _____
5. I bring gifts. _____

## 21. Beatriz y Raúl quieren bailar

(los verbos de cambio de raíz)

*Escuchemos la historia* **Let's listen to the story.** Déjenme hablarles de Beatriz y Raúl. Viven en la Argentina. Los dos siempre quieren (**want to**) bailar (**dance**). Quieren bailar el tango. Quieren participar en concursos (**contests**) de baile (**dance**). Pueden (**They can**) bailar muy bien. Pueden bailar muchos bailes latinos. Pueden bailar la cumbia (**dance from Colombia**). Quieren ser los reyes (**king and queen**) del baile. ¡Bailemos! (**Let's dance**)

*Repasemos los verbos de cambio de raíz*
**Let's review the stem-changing verbs**

| *querer(ie)*-**to want**, *poder(ue)*-**to be able, can** ||
|---|---|
| yo quier-o, pued-o | nosotros/as quer-emos, pod-emos |
| tú quier-es, pued-es | vosotros/as quer-éis, pod-éis |
| él, ella, Ud. quier-e, pued-e | ellos/as, Uds. quier-en, pued-en |

*Contestemos*
**Let's answer the following questions in Spanish.**
1. ¿Dónde viven Beatriz y Raúl?
2. ¿Qué quieren hacer (**to do**)?
3. ¿Qué quieren bailar?
4. ¿En qué quieren participar?
5. ¿Qué pueden bailar?
6. ¿Qué quieren ser?

*Escuchemos otra vez*
**Let's listen again.**

Déjenme hablarles de Beatriz y Raúl. Viven en la Argentina. Los dos siempre quieren (**want to**) bailar (**dance**). Quieren bailar el tango. Quieren participar en concursos (**contests**) de baile (**dance**). Pueden (**They can**) bailar muy bien. Pueden bailar muchos bailes latinos. Pueden bailar la cumbia (**dance from Colombia**). Quieren ser los reyes (**king and queen**) del baile. ¡Bailemos! (**Let's dance**)

# Trabajemos en parejas

Name: _____

Date: _____

Class: _____

*Speaking Activities For Any Day of the Week*

*Nos toca contar la historia*
**Take turns telling the story of Beatriz and Rául aloud with a partner.**

*Hablemos*
**Take turns saying these sentances aloud in Spanish.**
1. Beatriz and Rául want to dance the tango.
2. Beatriz wants to dance the cumbia.
3. Rául can dance lots of Latin dances.
4. Beatriz and Rául can dance a lot.
5. I want to dance.
6. We can dance.

*Digámoslo en español*
**Have a conversation in Spanish with your partner using the following topics.**
1. You talk with your two friends. Tell them you want to dance. Say why.
2. You and your two friends talk. They tell you they can dance well.
3. You and your two friends talk. They say they want to dance the tango.

*Preguntas y respuestas*
**Take turns forming and answering questions in Spanish based on the following cues.**
1. Ask your friends if they want to dance.
2. Ask your friends if they can dance.
3. Ask your friends if they can dance the tango.
4. Ask your friends if they want to dance the cumbia.
5. Ask your friends if they want to participate in the dance contest.
6. Ask your friends if they want to dance some Latin dances.

Name: _____
Date: _____
Class: _____

# Teatro-En grupos de tres

*Vamos a actuar*
**Working in groups of three, act out the following skit for the class.**
Narrador(a): Déjenme hablarles de Beatriz y Raúl. Viven en la Argentina.
Beatriz y Raúl: Somos Beatriz y Raúl. Vivimos en la Argentina.
Narrador(a): Los dos siempre quieren bailar. Quieren bailar el tango.
Beatriz y Raúl: Siempre queremos bailar. Queremos bailar el tango.
Narrador(a): Quieren participar en concursos de baile. Pueden bailar muy bien. Pueden bailar muchos bailes latinos.
Beatriz y Raúl: Queremos participar en concursos de baile. Podemos bailar muy bien. Podemos bailar muchos bailes latinos.
Narrador(a): Pueden bailar la cumbia. Quieren ser los reyes del baile. ¡Bailemos!
Beatriz y Raúl: Podemos bailar la cumbia. Queremos ser los reyes del baile. ¡Bailemos!

*Vamos a escribir*
**Let's write a skit in Spanish.**
Narrador(a): _____
Beatriz y Raúl: _____
Narrador(a): _____
Beatriz y Raúl: _____
Narrador(a): _____
_____
Beatriz y Raúl: _____
_____
Narrador(a): _____
_____
Beatriz y Raúl: _____

*Ahora vamos a actuar más*
**Now act out your own skit.**

# Examencito escrito

**Name:** _____

**Date:** _____

**Class:** _____

*Escribe en español* (**10 points-2 points for each sentence**)
Escribe cinco frases sobre Beatriz y Raúl.
_____
_____
_____
_____
_____

*Contesta en español* (**10 points-2 points for each sentence**)
1. ¿Dónde viven Beatriz y Raúl? _____
2. ¿Qué quieren bailar? _____
3. ¿En qué quieren participar? _____
4. ¿Cómo pueden bailar? _____
5. ¿Qué pueden bailar? _____

*Traduce al español* (**10 points-2 points for each sentence**)
1. They want to dance. _____
2. They can dance lots of Latin dances. _____
3. We can dance. _____
4. I want to dance. _____
5. Can she dance the tango? _____

## 22. Bárbara y Beto bailaron mucho el año pasado

(los verbos -AR, el tiempo pretérito)

*Escuchemos la historia* **Let's listen to the story.** Déjenme hablarles de Bárbara y Beto. Vivieron (**They lived**) en Puerto Rico el año pasado (**last year**). Bárbara y Beto bailaron (**danced**) el merengue y la salsa. Bailaron por muchas horas cada (**each**) noche. Bárbara y Beto practicaron mucho los bailes (**dances**). Estudiaron los pasos (**steps**). Trabajaron (**They worked**) mucho para bailar bien. Participaron en concursos (**contests**) de baile y ganaron (**they earned**) mucho dinero.

*Repasemos los verbos -AR en el tiempo pretérito*
**Let's review the -AR verbs in the preterite tense.**
Repitan en español.

| *bailar*-to dance ||
|---|---|
| yo-bail-é | nosotros/as bail-amos |
| tú bail-aste | vosotros/as bail-asteis |
| èl, ella, Ud. bail-ó | ellos/as, Uds. bail-aron |

*Contestemos*
**Let's answer the following questions in Spanish.**

1. ¿Dónde vivieron Bárbara y Beto?
2. ¿Qué bailaron?
3. ¿Por cuánto tiempo bailaron?
4. ¿Qué practicaron?
5. ¿Qué estudiaron?
6. ¿Por qué trabajaron mucho?
7. ¿Qué ganaron?

*Escuchemos otra vez*
**Let's listen again:**
Déjenme hablarles de Bárbara y Beto. Vivieron (**They lived**) en Puerto Rico el año pasado (**last year**). Bárbara y Beto bailaron (**danced**) el merengue y la salsa. Bailaron por muchas horas cada (**each**) noche. Bárbara y Beto practicaron mucho los bailes (**dances**). Estudiaron los pasos (**steps**). Trabajaron (**They worked**) mucho para bailar bien. Participaron en concursos (**contests**) de baile y ganaron (**they earned**) mucho dinero.

# Trabajemos en parejas

**Speaking Activities For Any Day of the Week**

Name: _____
Date: _____
Class: _____

*Nos toca contar la historia*
**Take turns telling the story of Bárbara and Beto aloud with a partner.**
Cuenten Uds. en español *Escuchemos la historia* Let's listen to the story de Bárbara y Beto.

*Hablemos*
**Take turns saying these sentences and the question aloud in Spanish.**
1. Bárbara and Beto lived in Puerto Rico last year.
2. They danced the salsa and merengue.
3. They practiced the dances a lot.
4. Bárbara and Beto studied the steps.
5. I worked a lot.
6. Did you (fam. sing.) participate a lot?

*Digámoslo en español*
**Have a conversation in Spanish with your partner using the following topics.**
1. Bárbara speaks with two friends. She says what she did last year.
2. Beto speaks with two friends. He says what he did last year.

*Preguntas y respuestas*
**Take turns forming and answering questions in Spanish based on the following cues.**
1. Ask your friend if he/she danced a lot.
2. Ask your friends if they practiced the dances.
3. Ask your friend if he/she worked a lot last year.
4. Ask your friends where they lived last year.
5. Ask your friends if they earned a lot of money.
6. Ask your friend if he/she studied the steps.

# Teatro-En grupos de tres

Name: _____
Date: _____
Class: _____

*Vamos a actuar*
**Working in groups of three, act out the following skit for the class.**
Narrador(a): Déjenme hablarles de Bárbara y Beto. Vivieron en Puerto Rico el año pasado.
Bárbara y Beto: Somos Bárbara y Beto. Vivimos en Puerto Rico el año pasado.
Narrador(a): Bárbara y Beto bailaron el merengue y la salsa. Bailaron por muchas horas cada noche.
Bárbara y Beto: Bailamos el merengue y la salsa. Bailamos por muchas horas cada noche.
Narrador(a): Bárbara y Beto practicaron mucho los bailes. Estudiaron los pasos. Trabajaron mucho para bailar bien.
Bárbara y Beto: Practicamos mucho los bailes. Estudiamos los pasos. Trabajamos mucho para bailar bien.
Narrador(a): Participaron en concursos de baile y ganaron mucho dinero.
Bárbara y Beto: Participamos en concursos de baile y ganamos mucho dinero.

*Vamos a escribir*
**Let's write a skit in Spanish.**
Narrador(a): _____
Bárbara y Beto: _____
Narrador(a): _____
Bárbara y Beto: _____
Narrador(a): _____
_____
Bárbara y Beto: _____
_____
Narrador(a): _____
_____
Bárbara y Beto: _____
_____

*Ahora vamos a actuar más*
**Now act out your own skit.**

# Examencito escrito

Name: _____

Date: _____

Class: _____

*Escribe en español* (**10 points-2 points for each sentence**)
Escribe cinco frases sobre Bárbara y Beto.
_____
_____
_____
_____
_____

*Contesta en español* (**10 points-2 points for each sentence**)
1. ¿Dónde vivieron Bárbara y Beto el año pasado? _____
2. ¿Qué bailaron? _____
3. ¿Qué practicaron? _____
4. ¿Qué estudiaron? _____
5. ¿Por qué trabajaron mucho? _____

*Traduce al español* (**10 points-2 points for each sentence**)
1. Bárbara and Beto danced a lot. _____
2. I worked a lot. _____
3. They earned money. _____
_____
4. We practiced a lot. _____
_____
5. Beto studied the steps. _____
_____

## 23. Hace mucho tiempo que Víctor vendió periódicos

*(los verbos ER, el tiempo pretérito)*

### Escuchemos la historia
**Let's listen to the story.**

Déjenme hablarles de Víctor. Hace mucho tiempo (**A long time ago**) que Víctor vive (**lives**) en Santiago, Chile. Vendió (**He sold**) periódicos cada (**each**) mañana. Víctor aprendió (**learned**) muy bien cómo (**how**) vender los periódicos. Gritó (**He shouted**) mucho- " ¡ Periódicos, periódicos, las noticias (**news**) de hoy!" Víctor entendió (**understood**) todo (**all**) sobre la venta de periódicos. No perdió (**missed**) la oportunidad de ganar (**earn**) dinero. Su (**His**) trabajo valió (**was worth**) mucho. Hoy Víctor es el Presidente de Chile.

### Repasemos los verbos -ER en el tiempo pretérito
**Let's review the -ER verbs in the preterite tense.**

Repitan en español.

| *vender*-*to sell* ||
|---|---|
| yo vend-í | nosotros/as vend-imos |
| tú vend-iste | vosotros/as vend-isteis |
| el, ella, Ud. vend-ió | ellos/as, Uds. vend-ieron |

### Contestemos
**Let's answer the following questions in Spanish.**

1. ¿Dónde vive Víctor hace mucho tiempo?
2. ¿Qué vendió Víctor?
3. ¿Qué aprendió?
4. ¿Qué gritó Víctor?
5. ¿Qué entendió?
6. ¿Qué no perdió Víctor?
7. ¿Qué valió mucho?
8. ¿Hoy qué es Víctor?

### Escuchemos otra vez
**Let's listen again**

Déjenme hablarles de Víctor. Hace mucho tiempo (**A long time ago**) que Víctor vive (**lives**) en Santiago, Chile. Vendió (**He sold**) periódicos cada (**each**) mañana. Víctor aprendió (**learned**) muy bien cómo (**how**) "¡ vender los periódicos. Gritó (**He shouted**) mucho- "¡ Periódicos, periódicos, las noticias (**news**) de hoy!" Víctor entendió (**understood**) todo (**all**) sobre la venta de periódicos. No perdió (**missed**) la oportunidad de ganar (**earn**) dinero. Su (**His**) trabajo valió (**was worth**) mucho. Hoy Víctor es el Presidente de Chile.

# Trabajemos en parejas

Name: _____
Date: _____
Class: _____

*Nos toca contar la historia*
**Take turns telling the story aloud of Victor with a partner.**

*Hablemos*
**Take turns saying these sentences aloud in Spanish.**
1. Víctor has been living in Santiago, Chile, for a long time.
2. Víctor sold newspapers.
3. Víctor learned how to sell newspapers.
4. We missed the opportunity.
5. They understood well.
6. The job was worth a lot.

*Digámoslo en español*
**Have a conversation in Spanish with your partner using the following topics.**
1. Víctor speaks with three friends. They say what they did a long time ago.
2. You speak with three friends. You say what you did yesterday.

*Preguntas y respuestas*
**Take turns forming and answering questions in Spanish based on the following cues.**
1. Ask your friend if he/she sold newspapers.
2. Ask your friends if they understood well.
3. Ask your friend if he/she learned how to sell newspapers.
4. Ask your friends if they missed the opportunity to earn money.
5. Ask your friends if they ate in McDonald's last night.
6. Ask your friend if he/she lived in Chile last year.

# Speaking Activities For Any Day of the Week
# Teatro-En parejas

Name: _____

Date: _____

Class: _____

*Vamos a actuar*
**Working with a partner, act out the following skit for the class.**
Narrador(a): Déjenme hablarles de Víctor. Hace mucho tiempo que vive en Santiago, Chile. Vendió periódicos cada mañana.
Víctor: Soy Víctor. Hace mucho tiempo que vivo en Santiago, Chile. Vendí periódicos cada mañana.
Narrador(a): Víctor aprendió muy bien cómo vender los periódicos. Gritó mucho "¡Periódicos, periódicos, las noticias de hoy!"
Víctor: Aprendí muy bien cómo vender los periódicos. Grité mucho "¡Periódicos, periódicos, las noticias de hoy!"
Narrador(a): Víctor aprendió todo sobre la venta de periódicos. No perdió la oportunidad de ganar dinero.
Víctor: Aprendí todo sobre la venta de periódicos. No perdí la oportunidad de ganar dinero.
Narrador(a): Su trabajo valió mucho. Hoy Víctor es el Presidente de Chile.
Víctor: Mi trabajo valió mucho. Hoy soy el Presidente de Chile.

*Vamos a escribir*
**Let's write a skit in Spanish.**
Narrador(a): _____
Víctor: _____
Narrador(a): _____
Víctor: _____
Narrador(a): _____
Víctor: _____
Narrador(a): _____
_____
_____
Víctor: _____
_____
_____

*Ahora vamos a actuar más*
**Now act out your own skit.**

©2005 Teacher's Discovery, Inc.    www.teachersdiscovery.com

**Speaking Activities For Any Day of the Week**

# Examencito escrito

Name: _____

Date: _____

Class: _____

*Escribe en español* (**10 points-2 points for each sentence**)
Escribe cinco frases sobre Víctor.
_____
_____
_____
_____
_____

*Contesta en español* (**10 points-2 points for each sentence**)
1. ¿Dónde vive Víctor hace mucho tiempo? _____
2. ¿Qué vendió Víctor? _____
3. ¿Qué aprendió Víctor? _____
4. ¿Qué entendió? _____
5. ¿Qué no perdió? _____

*Traduce al español* (**10 points-2 points for each sentence**)
1. Víctor sold lots of newspapers. _____
2. They sold cars. _____
3. They learned how to sell newspapers. _____
4. We understood well. _____
5. You (formal-sing.) missed the opportunity. _____

©2005 Teacher's Discovery, Inc.      www.teachersdiscovery.com

# 24. Cristóbal Colón descubrió América
(los verbos -IR, el tiempo pretérito)

*Escuchemos la historia*
**Let's listen to the story.**
Déjenme hablarles de Cristóbal Colón. Cristóbal nació (**was born**) en Italia pero vivió (**he lived**) gran parte de su vida en España. La Reina Isabel le dio (**gave**) a Cristóbal dinero para hacer su viaje (**trip**) a América. Cristóbal salió (**left**) de España y descubrió América en mil cuatrocientos noventa y dos. Cristóbal tuvo (**had**) la suerte (**luck**) de tener con él a su pájaro (**bird**) Linda. Ella le dio a Cristóbal mucha inspiración. Era (**She was**) un pájaro muy especial. Al ver América por primera vez, Cristóbal gritó (**shouted**): "¡Tierra (**land**), tierra, tierra!" Linda empezó (**began**) a volar (**to fly**) en dirección a la tierra para celebrar este gran evento.

*Repasemos los verbos -IR en el tiempo pretérito*
**Let's review the -IR verbs in the preterite tense.**
Repitan en español.

| *descubrir*-to discover ||
|---|---|
| yo descubr-í | nosotros/as descubr-imos |
| tú descubr-iste | vosotros/as descubr-isteis |
| él, ella, Ud. descubr-ió | ellos/as, Uds. descubr-ieron |

*Contestemos*
**Let's answer the following questions in Spanish.**
1. ¿Dónde nació Cristóbal Colón?
2. ¿Dónde vivió gran parte de su vida?
3. ¿Quién le dio dinero para hacer su viaje?
4. ¿De dónde salió Cristóbal Colón?
5. ¿Cómo se llamó el pájaro?
6. ¿Qué le dio el pájaro a Cristóbal?
7. Al ver América, ¿qué gritó Cristóbal?

*Escuchemos otra vez*
**Let's listen again.**
Déjenme hablarles de Cristóbal Colón. Cristóbal nació (**was born**) en Italia pero vivió (**he lived**) gran parte de su vida en España. La Reina Isabel le dio (**gave**) a Cristóbal dinero para hacer su viaje (**trip**) a América. Cristóbal salió (**left**) de España y descubrió América en mil cuatrocientos noventa y dos. Cristóbal tuvo (**had**) la suerte (**luck**) de tener con él a su pájaro (**bird**) Linda. Ella le dio a Cristóbal mucha inspiración. Era (**She was**) un pájaro muy especial. Al ver América por primera vez, Cristóbal gritó (**shouted**): "¡Tierra (**land**), tierra, tierra!" Linda empezó (**began**) a volar (**to fly**) en dirección a la tierra para celebrar este gran evento.

# Trabajemos en parejas

**Speaking Activities For Any Day of the Week**

Name: _____
Date: _____
Class: _____

*Nos toca contar la historia*
**Take turns telling the story of Cristóbal Colón aloud with a partner.**

*Hablemos*
**Take turns saying the following aloud in Spanish.**
1. Christopher Columbus was born in Italy.
2. He lived much of his life in Spain.
3. Columbus discovered America in 1492.
4. We lived in Madrid last year.
5. They discovered an island (isla).
6. I left from Paris.

*Digámoslo en español*
**Have a conversation in Spanish with your partner using the following topics.**
1. Cristóbal speaks with three friends. They say where they lived last year.
2. You speak with three friends. You say what you discovered.

*Preguntas y respuestas*
**Take turns forming and answering questions in Spanish based on the following cues.**
1. Ask your friend if he/she lived in Spain last year.
2. Ask your friends if they left.
3. Ask your friend if he/she was born in Italy.
4. Ask your friends if they climbed (subir) mountains.
5. Ask your friends if they discovered gold.
6. Ask your friend if he/she discovered America.

©2005 Teacher's Discovery, Inc.   www.teachersdiscovery.com

# Teatro-En grupos de tres

*Vamos a actuar*
**Working in groups of three, act out the following skit for the class.**
Narrador(a): Déjenme hablarles de Cristóbal Colón. Nació en Italia pero vivió gran parte de su vida en España. La Reina Isabel le dio a Cristóbal dinero para hacer su viaje a América.
Cristóbal: Soy Cristóbal Colón. Nací en Italia pero viví gran parte de mi vida en España. La Reina Isabel me dio dinero para hacer mi viaje a América.
Narrador(a): Cristóbal salió de España y descubrió América en mil cuatrocientos noventa y dos. Tuvo la suerte de tener con él a su pájaro, Linda.
Cristóbal: Salí de España y descubrí América en mil cuatrocientos noventa y dos. Tuve la suerte de tener conmigo a mi pájaro, Linda.
Narrador(a): Ella le dio a Cristóbal mucha inspiración. Era un pájaro muy especial. Al ver América por primera vez, Cristóbal gritó: "¡Tierra, tierra, tierra!"
Linda: Le di a Cristóbal mucha inspiración. Era un pájaro muy especial. Al ver América por primera vez, Cristóbal gritó "¡Tierra, tierra, tierra!"
Narrador(a): Linda empezó a volar en dirección la tierra para celebrar este gran evento.
Linda: Empecé a volar en dirección a la tierra para celebrar este gran evento.

*Vamos a escribir*
**Let's write a skit in Spanish.**
Narrador(a): _____
Cristóbal: _____
Narrador(a): _____
Cristóbal: _____
Narrador(a): _____
Linda: _____
Narrador(a): _____
Linda: _____

*Ahora vamos a actuar más*
**Now act out your own skit.**

# Examencito escrito

**Name:** _____
**Date:** _____
**Class:** _____

*Escribe en español* (**10 points-2 points for each sentence**)
Escribe cinco frases sobre Cristóbal Colón.
_____
_____
_____
_____
_____

*Contesta en español* (**10 points-2 points for each sentence**)
1. ¿Dónde nació Cristóbal Colón? _____
2. ¿Dónde vivió gran parte de su vida? _____
3. ¿Quién le dio dinero para hacer el viaje a América? _____
4. ¿Cómo se llamó su pájaro? _____
5. Al ver América por primera vez, ¿qué gritó Cristóbal? _____

*Traduce al español* (**10 points-2 points for each sentence**)
1. I was born in Italy. _____
2. Columbus lived in Spain much of his life. _____
3. They left from Spain. _____
4. I discovered the island. _____
5. Columbus discovered America. _____

**SPEAKING ACTIVITIES FOR ANY DAY OF THE WEEK**

## 1. Mi perro Fito
   (las palabras interrogativas)

### *Contestemos* 1.      Se llama Fito.
2. Es un perro.
3. Está en casa.
4. Vive en Guanajuato, México.
5. Descansa en la cocina.
6. Descansa el domingo.
7. Está cansado.
8. Descansa en la cocina.

### *Hablemos*
1. ¿Qué es Fito?
2. ¿Dónde está Fito?
3. ¿Dónde vive Fito?
4. ¿Cómo está Fito?
5. ¿Por qué descansa Fito?
6. ¿Cuándo descansa Fito?

### *Hagamos una pregunta*
   OPEN ANSWER

### *Teatro-En parejas*
   OPEN ANSWER

### *Examencito escrito*
   Escribe en español
   OPEN ANSWER

### *Contesta en español*
1. Es un perro.
2. Está en casa.
3. Descansa el domingo.
4. Descansa en la cocina.
5. Está cansado.

### *Haz una pregunta*
   OPEN ANSWER

## 2. La familia Gómez
   (el verbo tener)

### *Contestemos*
1. La familia Gómez vive en San Antonio, Texas.
2. El padre se llama Guillermo. La madre se llama Silvia.
3. Los padres tienen dos hijos.
4. Los hijos se llaman Chepe y Chepina.
5. Guillermo tiene seis hermanos y dos hermanas.
6. Silvia tiene cuatro hermanos y cuatro hermanas.
7. Los abuelos de Silvia y Guillermo viven en México.

### *Hablemos*
1. Guillermo tiene una esposa.
2. Silvia y Guillermo tienen dos hijos.
3. Tengo tres hermanas.
4. Tengo dos padres.
5. Tienen abuelos.
6. Silvia tiene cuatro hermanos y cuatro hermanas.

### *Preguntas y respuestas*
1. ¿Cuántos tíos tienes?
2. ¿Cuántos abuelos tienes?
3. ¿Cuántos primos tienen ustedes?
4. ¿Cuántos hermanos/hermanas tienes?
5. ¿Dónde viven sus padres?
6. ¿Dónde viven sus abuelos?

### *Teatro-En grupos de cinco*
   OPEN ANSWER

### *Examencito Escrito*
   Escribe en español
   OPEN ANSWER

### *Contesta en español*
1. La esposa de Guillermo se llama Silvia.
2. La familia Gómez vive en San Antonio, Texas.
3. Los hijos se llaman Chepe y Chepina.
4. Los abuelos viven en México.
5. Silvia tiene cuatro hermanos y cuatro hermanas.

### *Traduce al español*
1. Tengo dos padres.
2. Guillermo tiene seis hermanos y dos hermanas.
3. Guillermo y Silvia tienen tías y tíos.
4. Tenemos muchos primos.
5. Guillermo tiene dos abuelos.

## 3. La ropa de Julio y Concha

### *Contestemos* 9
1. Julio y una Concha viven en Taxco, México.
2. Julio lleva camisa, pantalones, zapatos, calcetines y un cinturón.
3. Concha lleva una falda y zapatos.
4. Julio lleva aretes cuando va a una fiesta.
5. Concha lleva collares y anillos cuando va a un baile.

## Hablemos
1. Julio y Concha viven en Taxco, México.
2. Julio lleva pantalones, una camisa y zapatos.
3. Concha lleva una falda una blusa y zapatos.
4. Julio no lleva aretes.
5. Concha lleva collares y anillos, si va a un baile.
6. Julio lleva aretes, si va a una fiesta.

## Preguntas y respuestas
1. ¿Llevas aretes?
2. ¿Llevas anillos?
3. ¿Llevas una blusa?
4. ¿Llevas una falda?
5. ¿Llevas una camisa?
6. ¿Llevas collares en las fiestas?

## Teatro-En grupos de tres
OPEN ANSWER

## Examencito Escrito
Escribe en español
OPEN ANSWER

## Contesta en español
1. Julio y Concha viven en Taxco, México.
2. Julio lleva camisa, pantalones, zapatos, calcetines y un cin turón.
3. Concha lleva una falda y zapatos.
4. Julio lleva una aretes cuando va a una fiesta.
5. Concha lleva una collares y los anillos cuando va a un baile.

## Traduce al español
1. Julio lleva pantalones y una camisa.
2. Concha lleva una falda y zapatos.
3. Julio lleva calcetines y zapatos.
4. Concha no lleva aretes.
5. Julio no lleva collares y anillos.

# 4. La comida favorita de Felipe.

## Contestemos
1. Felipe vive en Madrid, España.
2. Felipe prefiere comer pan, jamón, pescado, legumbres, fruta, bombones, cordero y cochinillo asado.
3. Sus frutas favoritas son las toronjas y los limones.
4. Su postre favorito es el helado.
5. Sí, Felipe siempre toma helado.

## Hablemos
1. Felipe vive en Madrid, España.
2. Come mucho helado.
3. Felipe prefiere comer pan.
4. Toma bombones.
5. Sus frutas favoritas son las toronjas y los limones.
6. Su postre favorito es el helado.

## Preguntas y respuestas
1. ¿Te gusta helado?
2. ¿Les gustan las gambas?
3. ¿Comen ustedes toronjas?
4. ¿Comen ustedes jamón?
5. ¿Comen ustedes bombones y helado?
6. ¿Comes aceitunas?

## Teatro-En parejas
OPEN ANSWER

## Examencito Escrito
Escribe en español
OPEN ANSWER

## Contesta en español
1. Felipe vive en Madrid, España.
2. Su postre favorito es el helado.
3. Sus frutas favoritas son las toronjas las y los limones.
4. Sí, Felipe prefiere comer pescado.
5. Sí, Felipe siempre toma helado.

## Traduce al español
1. Felipe come pescado y pan.
2. Su postre favorito es el helado.
3. Felipe come toronjas y limones.
4. Felipe come jamón.
5. Pancho come cordero.

# 5. Mauricio, de Marte (las partes del cuerpo)

## Contestemos
1. Se llaman Arturo y Mauricio.
2. Mauricio es de Marte.
3. Mauricio tiene dos brazos y dos piernas.
4. Tience el cuello corto.
5. Mauricio tiene doce dedos.
6. Viven en Marte.

## Hablemos
1. Mauricio tiene dos brazos y dos piernas.
2. Mauricio tiene una cabeza grande.
3. Mauricio tiene doce dedos y doce dedos en los pies.
4. Mauricio tiene un estómago grande.
5. Mauricio tiene ojos café.
6. Mauricio tiene una boca ancha.

*Hagamos una pregunta*
OPEN ANSWER

*Teatro-En parejas*
OPEN ANSWER

*Examencito Escrito*
Escribe en español
OPEN ANSWER

*Contesta en español*
1. Mauricio tiene doce dedos.
2. Mauricio y Arturo están en Marte.
3. El cuello de Mauricio es corto.
4. Tiene dos antenas.
5. Mauricio tiene el estómago grande porque come mucho.

*Haz una pregunta*
OPEN ANSWER

## 6. Pancho, el pintor (los verbos -AR, el tiempo presente)

*Contestemos*
1. El pintor se llama Pancho.
2. El pintor vive en San José, Costa Rica.
3. Pancho trabaja mucho, estudia arte y pinta.
4. Por la noche escucha la radio y ve la tele.
5. Gana mucho porque es un artista célebre.
6. Gasta poco.

*Hablemos*
1. Pancho pinta mucho.
2. Escucha la radio.
3. Veo la tele.
4. Pinto mucho.
5. Ganan mucho.
6. Pintamos un poco.

*Preguntas y respuestas*
1. ¿Escuchas la radio?
2. ¿Ven ustedes la tele?
3. ¿Pintas mucho?
4. ¿Ganan ustedes mucho?
5. ¿Pintan ustedes mucho?
6. ¿Hablas español?

*Teatro-En parejas*
OPEN ANSWER

*Examencito Escrito*
Escribe en español
OPEN ANSWER

*Contesta en español*
1. El pintor se llama Pancho.
2. Pancho vive en San José, Costa Rica.
3. Pancho estudia arte.
4. Gana mucho dinero porque es un artista célebre.
5. Escucha la radio.

*Traduce al español*
1. Pinto mucho.
2. Pancho escucha la radio.
3. Ganan mucho.
4. Pintamos mucho.
5. Pancho gasta poco.

## 7. Carlos, el gran corredor (los verbos -ER, el tiempo presente)

*Contestemos*
1. Carlos vive en Miami, Florida.
2. Sí, Carlos siempre corre.
3. Carlos corre diez millas cada día.
4. Carlos participa en las competiciones.
5. Carlos gana mucho dinero.

*Hablemos*
1. Carlos corre muchas millas.
2. Carlos aprende a correr.
3. Carlos come mucho.
4. Siempre corren.
5. A veces aprendemos mucho.
6. Como tres veces al día.

*Preguntas y respuestas*
1. ¿Corres tres millas?
2. ¿Comes mucho?
3. ¿Aprendes mucho?
4. ¿Corres en competiciones?
5. ¿Aprendes a correr?
6. ¿Comes en McDonald's?

*Teatro-En parejas*
OPEN ANSWER

*Examencito Escrito*
Escribe en español
OPEN ANSWER

## Speaking Activities For Any Day of the Week

### Contesta en español
1. Carlos vive en Miami, Florida.
2. Carlos es un gran corredor.
3. Carlos corre diez millas cada día.
4. Carlos gana mucho dinero.
5. Carlos aprende a competir con los mejores corredores del mundo.

### Traduce al español
1. Carlos corre mucho.
2. Carlos aprende a correr.
3. Corren cada día.
4. Comemos en McDonald's.
5. Aprendo a correr.

## 8. Eduardo, el alpinista (los verbos -IR, el tiempo presente)

### Contestemos
1. Eduardo es alpinista.
2. Eduardo vive en Lima, Perú.
3. Eduardo siempre sube montañas.
4. Eduardo sube montañas porque es profesional.
5. Gana mucho dinero.
6. Eduardo tiene mucho talento y es muy valiente.

### Hablemos
1. Eduardo sube montañas.
2. Sube montañas porque es profesional.
3. Subo la montaña.
4. Vivimos en Perú.
5. Viven en Chile.
6. Eduardo vive para subir montañas.

### Preguntas y respuestas
1. ¿Subes montañas?
2. ¿Viven ustedes en Perú?
3. ¿Eres muy valiente?
4. ¿Ganan ustedes dinero cuando suben montañas?
5. ¿Viven ustedes para subir montañas?
6. ¿Subes montañas todo el día?

### Teatro-En parejas
OPEN ANSWER

### Examencito Escrito
Escribe en español
OPEN ANSWER

Contesta en español
1. Eduardo vive en Lima, Perú.
2. Eduardo es alpinista.
3. Eduardo siempre sube montañas.
4. Eduardo sube montañas porque es profesional.
5. Eduardo tiene mucho talento y es muy valiente.

### Traduce al español
1. Subo montañas.
2. Eduardo sube montañas.
3. Suben montañas todos los días.
4. Vivimos en Perú.
5. Vives en Chile.

## 9. Diego, el meteorólogo (el tiempo)

### Contestemos
1. Diego vive en Los Ángeles, California.
2. Diego es meteorólogo.
3. Diego filma el tiempo afuera.
4. Sí, Diego es muy creativo.
5. Hace sol, hace calor, hace frío, está nublado, nieva, llueve y hace viento.

### Hablemos
1. Diego vive en Los Ángeles, California.
2. Diego es meteorólogo.
3. A veces filma el tiempo afuera.
4. Hace sol en California.
5. Llueve en Texas.
6. Está nublado en Nueva York.

### Preguntas y respuestas
1. ¿Te gusta el tiempo?
2. ¿Les gusta la nieve?
3. ¿Hace calor?
4. ¿Hace frío?
6. ¿Llueve?
7. ¿Hace sol y hace viento?

### Teatro-En parejas
OPEN ANSWER

### Examencito Escrito
Escribe en español
OPEN ANSWER

### Contesta en español
1. Diego vive en Los Ángeles, California.
2. Diego es meteorólogo.
3. Diego da el tiempo para todo el país.
4. A veces diego filma afuera.
5. Diego es un meteorólogo muy creativo.

### Traduce al español
1. Hace sol en California.
2. Hace viento en Pennsylvania.
3. Hace calor en Florida.
4. Llueve en Texas.
5. Nieva en Maine.

## 10. Gabriel y Marta son novios (los sustantivos-los adjetivos)

### Contestemos
1. Los novios se llaman Gabriel y Marta.
2. Gabriel es muy guapo, alto, muy listo y estudioso.
3. Sí, Gabriel y Marta son altos.
4. Sí, Gabriel es mexicano.
5. No, Marta no es mexicana. Es colombiana.
6. Viven en los Estados Unidos.

### Hablemos
1. Marta es bonita.
2. Gabriel es guapo.
3. Son altos y listos.
4. Gabriel es estudioso.
5. Marta es trabajadora.
6. Gabriel es mexicano y Marta es colombiana.

### Preguntas y respuestas
1. ¿Eres listo(a)?
2. ¿Eres guapo (bonita)?
3. ¿Eres trabajador (a)?
4. ¿Son ustedes estudiosas?
5. ¿Son ustedes mexicanas?
6. ¿Eres colombiano (a)?

### Teatro-En grupos de tres
OPEN ANSWER

### Examencito Escrito
Escribe en español
OPEN ANSWER

### Contesta en español
1. Sí, Gabriel y Marta son altos.
2. No, Marta no es mexicana. Es colombiana.
3. Sí, Marta es muy bonita.
4. No, Gabriel no es feo. Es muy guapo.
5. Sí, Gabriel y Marta son muy listo.

### Traduce al español
1. Gabriel es guapo.
2. Marta es bonita.
3. Gabriel y Marta son listos.
4. Gabriel es alto.
5. Marta es colombiana.

## 11. Teodoro, dueño de una isla ("tener que" más el infinitivo)

### Contestemos
1. Teodoro vive en una isla en el Mar Caribe.
2. Teodoro tiene que trabajar mucho porque es el dueño de la isla.
3. Tiene que limpiar la playa.
4. Tiene que buscar comida.
5. Tiene que cocinar su comida.
6. Teodoro tiene que descansar porque trabaja todo el día.

### Hablemos
1. Teodoro tiene que trabajar mucho.
2. Teodoro tiene que buscar comida.
3. Teodoro tiene que limpiar la playa.
4. Tenemos que cocinar la comida.
5. Tienen que limpiar la playa.
6. Tengo que descansar.

### Preguntas y respuestas
1. ¿Tienes que trabajar mucho?
2. ¿Tienes que buscar comida?
3. ¿Tienes que limpiar la playa?
4. ¿Tienes que cocinar la comida?
5. ¿Tienes que descansar mucho?
6. ¿Tienes que vivir en una isla?

### Teatro-En parejas
OPEN ANSWER

### Examencito Escrito
Escribe en español
OPEN ANSWER

### Contesta en español
1. Teodoro vive en una isla en el Mar Caribe.
2. Teodoro tiene que trabajar mucho porque es el dueño de la isla.
3. Tiene que limpiar la playa.
4. Teodoro tiene que buscar comida.
5. Teodoro tiene que descansar porque trabaja todo el día.

### Traduce al español
1. Tengo que trabajar mucho.
2. Teodoro tiene que trabajar mucho porque es el

dueño de la isla.
3. Teodoro tiene que buscar comida.
4. Tenemos que cocinar la comida.
5. Tienen que descansar.

## 12. Hortensia va a México (el verbo ir)

### Contestemos
1. Hortensia vive en Dallas.
2. Hortensia va a México.
3. Hortensia va a las pirámides.
4. Trabaja para el gobierno.
5. Quiere encontrar las joyas.
6. Las joyas son del gobierno.
7. Los ladrones van a México.
8. Hortensia espera llegar primero.

### Hablemos
1. Hortensia va a México.
2. Hortensia va a las pirámides.
3. Hortensia busca las joyas preciosas.
4. Los ladrones quieren encontrar las joyas.
5. Van a México.
6. Voy a México.

### Preguntas y respuestas
1. ¿Vas a México?
2. ¿Vas a las pirámides?
3. ¿Buscan ustedes las joyas?
4. ¿Quieres encontrar las joyas preciosas?
5. ¿Vas a España?
6. ¿Trabajas para el gobierno?

### Teatro-En grupos de cuatro
OPEN ANSWER

### Examencito Escrito
Escribe en español
OPEN ANSWER

### Contesta en español
1. Hortensia vive en Dallas.
2. Hortensia va a México.
3. Hortensia va a las pirámides.
4. Hortensia quiere encontrar las joyas.
5. Los ladrones buscan las joyas.

### Traduce al español
1. Voy a las pirámides.
2. Hortensia va a México para encontrar las joyas.
3. Los ladrones buscan las joyas preciosas.
4. Vamos a España.
5. Van a Costa Rica.

## 13. Chepe y Chepina van a viajar ("ir a" más el infinitivo)

### Contestemos
1. Chepe y Chepina viven en San Antonio, Texas.
2. Van a partir para Barcelona este martes.
3. Van a visitar muchos monumentos en Barcelona.
4. Van a gastar mucho dinero porque cuesta mucho vivir en Barcelona.
5. Van a volver en cuatro semanas.
6. Van a visitar también otras ciudades españolas.

### Hablemos
1. Chepe y Chepina van a viajar.
2. Van a visitar Barcelona.
3. Chepe va a volver en cuatro semanas.
4. Tenemos que vivir en Madrid.
5. Van a viajar.
6. Voy a gastar mucho dinero.

### Preguntas y respuestas
1. ¿Vas a visitar Barcelona??
2. ¿Vas a volver mañana?
3. ¿Vas a partirhoy para España?
4. ¿Vas a gastar mucho dinero?
5. ¿Vas a trabajar mucho?
6. ¿Vas a viajar?

### Teatro-En grupos de tres
OPEN ANSWER

### Examencito Escrito
Escribe en español
OPEN ANSWER

### Contesta en español
1. Chepe y Chepina viven en San Antonio, Texas.
2. Van a viajar a Barcelona.
3. Van a partir este martes.
4. Van a volver en cuatro semanas.
5. Van a gastar mucho dinero.

### Traduce al español
1. Van a viajar.
2. Chepe y Chepina van a partir para Barcelona.
3. Chepe va a gastar mucho dinero.
4. Vamos a volver mañana.

5. Chepina y Chepe van a visitar Barcelona.

## 14. Alicia, la cantante
### (el verbo ser)

### *Contestemos*
1. Alicia es de Valladolid, España.
2. Alicia es cantante.
3. Canta en un club en Madrid.
4. Su madre es de Sevilla y su padre es de Valladolid.
5. Alicia es muy guapa, muy alta e inteligente.
6. Sí, es muy rica.

### *Hablemos*
1. Alicia es española.
2. Alicia es cantante.
3. Su madre es de Sevilla.
4. Alicia es muy guapa.
5. Alicia es alta e inteligente.
6. Es muy rica.

### *Preguntas y respuestas*
1. ¿Eres guapo (a)?
2. ¿Eres rico (a)?
3. ¿Eres de Madrid?
4. ¿Son ustedes de Valladolid?
5. ¿Cantan ustedes mucho?
6. ¿Eres cantante?

### *Teatro-En grupos de cuatro*
OPEN ANSWER

### *Examencito Escrito*
Escribe en español
OPEN ANSWER

### *Contesta en español*
1. Alicia es muy guapa, muy alta e inteligente.
2. Alicia es de Valladolid, España.
3. Su madre es de Sevilla.
4. Sí, Alicia es muy rica.
5. Alicia es cantante.

### *Traduce al español*
1. Alicia canta en Madrid.
2. Alicia es cantante.
3. Alicia es alta e inteligente.
4. Alicia es de Valladolid.
5. Alicia es española.

## 15. Fabián está enfermo
### ( el verbo estar)

### *Contestemos*
1. Fabián está enfermo.
2. El doctor no está contento.
3. Fabián está en el hospital.
4. No, Fabián no está de buen humor. Está de mal humor.
5. Fabián quiere salir del hospital.
6. El doctor está ayudando a Fabián.

### *Hablemos*
1. Fabián está enfermo.
2. Fabián está en el hospital.
3. Fabián está triste.
4. Están de mal humor.
5. Estamos de buen humor.
6. El doctor está ayudando a Fabián.

### *Preguntas y respuestas*
1. ¿Estás enfermo (a)?
2. ¿Estás cansado (a)?
3. ¿Estás en el hospital?
4. ¿Están ustedes contentos?
5. ¿Están ustedes tristes?
6. ¿Estás hablando español?

### *Teatro-En grupos de tres*
OPEN ANSWER

### *Examencito Escrito*
Escribe en español
OPEN ANSWER

### *Contesta en español*
1. No, Fabián no está bien.
2. Sí, Fabián está enfermo.
3. Sí, Fabián está triste.
4. No, el doctor no está contento.
5. Fabián está en el hospital.

### *Traduce al español*
1. Fabián no está contento.
2. Fabián y el doctor están en el hospital.
3. Fabián quiere salir del hospital.
4. Fabián está cansado.
5. El doctor está ayudando a Fabián.

## 16. Patricia sabe patinar en ruedas y conoce París.
### (los verbos saber-conocer)

## Contestemos
1. Patricia vive en París Francia.
2. Sí, Patricia sabe hablar francés.
3. Sí, sabe patinar sobre ruedas.
4. Sí, Patricia sabe cocinar, leer y escribir el francés.
5. Conoce muy bien París.
6. Sí, Patricia conoce a mucha gente francesa.
7. Conoce al Presidente de Francia.
8. Patricia tiene tantos amigos famosos porque gana muchas competiciones patinando sobre ruedas.

## Hablemos
1. Patricia sabe patinar con ruedas.
2. Sabe cocinar.
3. Patricia sabe hablar, leer y escribir el francés.
4. Conoce París.
5. Patricia conoce a muchas personas famosas porque sabe patinar sobre ruedas bien.
6. Sé estudiar.

## Preguntas y respuestas
1. ¿Sabes cocinar?
2. ¿Sabes leer?
3. ¿Sabes hablar francés?
4. ¿Conocen ustedes Madrid?
5. ¿Conocen ustedes el Presidente Bush?
6. ¿Sabes estudiar?

## Teatro-En parejas
OPEN ANSWER

## Examencito Escrito
Escribe en español
OPEN ANSWER

## Contesta en español
1. Patricia vive en París, Francia.
2. Sí, sabe patinar con ruedas.
3. Sí, Patricia sabe hablar francés.
4. Conoce muy bien París.
5. Sí, Patricia conoce a mucha gente famosa.

## Traduce al español
1. Patricia sabe leer y escribir el francés.
2. Patricia sabe cocinar.
3. Sé hablar francés.
4. Patricia conoce París.
5. Sabemos patinar sobre ruedas.

# 17. Tomás tiene sed
## los modismos de tener

### Contestemos
1. Tomás vive en África.
2. Tomás tiene sed porque hace mucho calor y tiene calor.
3. Tomás tiene prisa porque tiene hambre.
4. Tomás tiene miedo porque hay serpientes y muchos insectos venenosos.
5. Tiene suerte porque ve un coche.
6. Necesita descansar porque tiene sueño.

### Hablemos
1. Tomás tiene sueño.
2. Tomás tiene sed y tiene calor.
3. Tomás tiene suerte.
4. Tienen miedo.
5. Tenemos prisa.
6. Tengo hambre.

### Preguntas y respuestas
1. ¿Tienen ustedes suerte?
2. ¿Tienen ustedes miedo?
3. ¿Tienen ustedes sed?
4. ¿Tienen ustedes hambre?
5. ¿Tienen ustedes sueño?
6. ¿Tienen ustedes prisa?

### Teatro-En parejas
Examencito Escrito
OPEN ANSWER

### Escribe en español
OPEN ANSWER
*Contesta en español*
1. Tomás está en África.
2. Tomás tiene sed porque hace mucho calor y tiene calor.
3. Tomás tiene miedo porque hay serpientes y muchos insectos venenosos.
4. Tomás tiene suerte porque ve un coche con sus amigos.
5. Necesita descansar porque tiene sueño.

### Traduce al español
1. Tomás tiene miedo.
2. Tienen sed y tienen calor.
3. Tenemos suerte.
4. Tengo sueño.
5. Tomás tiene hambre.

# 18. A Pancho le gusta la guitarra
(el verbo gustar)

## Contestemos
1. Sí, a Pancho le gusta tocar la guitarra.
2. A Pancho le gusta comer, cantar, ir a las fiestas y hablar con sus amigos.
3. Pancho canta "rock and roll".
4. Sí, a Pancho le gusta ir a las fiestas.
5. Pancho quiere ser un cantante famoso.
6. Sí, Pancho es muy popular con sus amigos.

## Hablemos
1. A Pancho le gusta cantar.
2. A Pancho le gusta ir a las fiestas.
3. Me gusta la guitarra.
4. Nos gustan las guitarras.
5. A ellos les gusta la guitarra.
6. A ellos les gustan las guitarras.

## Preguntas y respuestas
1. ¿Te gustan los dulces?
2. ¿Te gusta tocar la guitarra?
3. ¿Te gustan las fiestas?
4. ¿Te gusta cantar?
5. ¿Te gusta comer?
6. ¿Te gustan las guitarras?

## Teatro-En parejas
OPEN ANSWER

## Examencito Escrito
Escribe en español
OPEN ANSWER

## Contesta en español
1. A Pancho le gusta tocar la guitarra.
2. Pancho canta "rock and roll".
3. Sí, a Pancho le gusta ir a las fiestas.
4. Pancho quiere ser un cantante famoso.
5. Pancho quiere organizar el concierto, "Pancho en Vivo".

## Traduce al español
1. A Pancho le gusta cantar.
2. A Pancho le gusta la guitarra.
3. Nos gustan las guitarras.
4. Me gusta comer.
5. Te gusta tocar la guitarra.

# 19. Pedro Pantera se acuesta en un árbol (los verbos reflexivos)

## Contestemos
1. Pedro Pantera vive en la selva de África.
2. Pedro se acuesta en un árbol.
3. Se acuesta a las nueve de la noche.
4. Pedro Patera se despierta muy temprano.
5. Se lava la cara y se baña en un lago.
6. Se cepilla el pelo.
7. Se pone los zapatos.
8. Pedro Pantera da un paseo por la selva.

## Hablemos
1. Pedro Pantera se acuesta temprano.
2. Pedro Pantera se despierta temprano.
3. Pedro se lava la cara y se baña en un lago.
4. Me cepillo el pelo.
5. Se ponen los zapatos.
6. Nos despertamos temprano.

## Preguntas y respuestas
1. ¿Se despiertan ustedes temprano?
2. ¿Se despiertan ustedes temprano o tarde?
3. ¿Se bañan ustedes?
4. ¿Se peinan ustedes el pelo?
5. ¿Se lavan ustedes la cara?
6. ¿Se despiertan tarde?

## Teatro-En parejas
OPEN ANSWER

## Examencito Escrito
Escribe en español
OPEN ANSWER

## Contesta en español
1. Pedro Pantera vive en la selva de África.
2. Pedro se acuesta a las nueve de la noche.
3. Pedro se acuesta en un árbol.
4. Se despierta muy temprano.
5. Se lava la cara y se baña en un lago.

## Traduce al español
1. Pedro Pantera se despierta temprano.
2. Pedro Pantera se acuesta tarde.
3. Pedro Pantera se lava la cara y se baña.
4. Me cepillo el pelo.

# 20. Santa Claus les trae regalos (otros verbos irregulares)

## Contestemos
1. Santa les trae regalos a los niños.
2. Santa les da muchos juguetes a los niños.
3. Santa sale del Polo Norte.

4. Santa hace muchos juguetes.
5. Sí, Santa está muy ocupado todo el año.
6. Santa está ocupado porque hace muchos juguetes.

## *Hablemos*
1. Santa Claus trae regalos.
2. Traigo regalos.
3. Salgo de Nueva York.
4. Santa Claus sale del Polo Norte.
5. Hago juguetes.
6. Santa Claus hace juguetes.

## *Preguntas y respuestas*
1. ¿Haces juguetes?
2. ¿Sales?
3. ¿Traes regalos?
4. ¿Estás ocupado (a)?
5. ¿Das regalos?
6. ¿Sales para Madrid?

## *Teatro-En parejas*
OPEN ANSWER

## *Examencito Escrito*
Escribe en español
OPEN ANSWER

## *Contesta en español*
1. Santa Claus les trae regalos a los niños.
2. Santa les da muchos juguetes a los niños.
3. Santa sale del Polo Norte.
4. Sí, Santa está ocupado.
5. Santa hace muchos juguetes.

## *Traduce al español*
1. Santa trae regalos.
2. Hago juguetes.
3. Salgo para Madrid.
4. Santa hace juguetes.
5. Traigp regalos.
21. Beatriz y Raúl quieren bailar
    (los verbos de cambio de raíz)

## *Contestemos*
1. Beatriz y Raúl viven en la Argentina.
2. Quieren bailar.
3. Quieren bailar el tango.
4. Quieren participar en concursos de baile.
5. Pueden bailar la cumbia y muchos bailes latinos.
6. Quieren ser los reyes del baile.

## *Hablemos*

1. Beatriz y Raúl quieren bailar el tango.
2. Beatriz quiere bailar la cumbia.
3. Raúl puede bailar muchos bailes latinos.
4. Beatriz y Raúl pueden bailar mucho.
5. Quiero bailar.
6. Podemos bailar.

## *Preguntas y respuestas*
1. ¿Quieren ustedes bailar?
2. ¿Pueden ustedes bailar?
3. ¿Pueden ustedes bailar el tango?
4. ¿Quieren ustedes bailar la cumbia?
5. ¿Quieren ustedes participar en el concurso de baile?
6. ¿Quieren ustedes bailar unos bailes latinos?

## *Teatro-En grupos de tres*
OPEN ANSWER

## *Examencito Escrito*
Escribe en español
OPEN ANSWER

## *Contesta en español*
1. Beatriz Raúl Viven en la Argentina.
2. Quieren bailar el tango.
3. Quieren participar en concursos de baile.
4. Pueden bailar muy bien.
5. Pueden bailar la cumbia y muchos bailes latinos.

## *Traduce al español*
1. Quieren bailar.
2. Pueden bailar muchos bailes latinos.
3. Podemos bailar.
4. Quiero bailar.
5. ¿Puede bailar el tango?

## 22. Bárbara y Beto bailaron mucho el año pasado
(los verbos -AR, el tiempo pretérito)

## *Contestemos*
1. Bárbara y Beto vivieron en Puerto Rico.
2. Bailaron el merengue y la salsa.
3. Bailaron por muchas horas cada noche.
4. Practicaron mucho los bailes.
5. Estudiaron los pasos.
6. Trabajaron mucho para bailar bien.
7. Ganaron mucho dinero.

## *Hablemos*
1. Bárbara y Beto vivieron en Puerto Rico el año

pasado.
2. Bailaron la salsa y el merengue.
3. Practicaron los bailes mucho.
4. Bárbara y Beto estudiaron los pasos.
5. Trabajé mucho.
6. ¿Participaste mucho?

## *Preguntas y respuestas*
1. ¿Bailaste mucho?
2. ¿Practicaron ustedes los bailes?
3. ¿Trabajaste mucho el año pasado?
4. ¿Dónde vivieron ustedes el año pasado?
5. ¿Ganaron ustedes mucho dinero?
6. ¿Estudiaste los pasos?

## *Teatro-En grupos de tres*
OPEN ANSWER

## *Examencito Escrito*
Escribe en español
OPEN ANSWER

## *Contesta en español*
1. Bárbara y Beto vivieron en Puerto Rico el año pasado.
2. Bailaron el merengue y la salsa.
3. Practicaron mucho los bailes.
4. Estudiaron los pasos.
5. Trabajaron mucho para bailar bien.

## *Traduce al español.*
1. Bárbara y Beto bailaron mucho.
2. Trabajé mucho.
3. Ganaron dinero.
4. Practicamos mucho.
5. Beto estudió loa pasos.

## 23. Hace mucho tiempo que Víctor vendió periódicose
### (los verbos -ER, el tiempo pretérito)

## *Contestemos*
1. Hace mucho tiempo que Víctor vive en Santiago, Chile.
2. Víctor vendió periódicos.
3. Aprendió muy bien cómo vender los periódicos.
4. Víctor gritó "¡Periódicos, periódicos, las noticias de hoy"!
5. Entendió todo sobre la venta de periódicos.
6. Víctor no perdió la oportunidad de ganar dinero.
7. Sutrabajo valio mucho.
8. Hoy Víctor es el Presidente de Chile.

## *Hablemos*
1. Hace mucho tiempo que Víctor vive en Santiago, Chile.
2. Víctor vendió periódicos.
3. Víctor aprendió cómo vender periódicos.
4. Perdimos la oportunidad.
5. Entendieron bien.
6. El trabajo valió mucho.

## *Preguntas y respuestas*
1. ¿Vendiste periódicos?
2. ¿Entendieron ustedes bien?
3. ¿Aprendiste cómo vender periódicos?
4. ¿Perdieron ustedes la oportunidad de ganar dinero?
5. ¿Comieron ustedes en McDonald's anoche?
6. ¿Viviste en Chile el año pasado?

Teatro-En parejas
OPEN ANSWER

Examencito Escrito
Escribe en español
OPEN ANSWER

Contesta en español
1. Hace mucho tiempo que Víctor vive en Santiago, Chile.
2. Víctor vendió periódicos.
3. Victor aprendió muy bien cómo vender los periódicos.
4. Entendió todo sobre la venta de periódicos.
5. No perdió la oportunidad de ganar dinero.

## *Traduce al español*
1. Víctor vendió muchos periódicos.
2. Vendieron coches.
3. Aprendieron cómo vender periódicos.
4. Entendimos bien.
5. Perrió la oportunidad.

## 24. Cristóbal Colón descubrió América
### (los verbos -IR, el tiempo pretérito)

## *Contestemos*
1. Cristóbal Colón nació en Italia.
2. Vivió gran parte de su vida en España.
3. La Reina Isabel le dio dinero para hacer su viaje.
4. Cristóbal Colón salió de España.
5. El pájaro se llamó Linda.
6. El pájaro le dio mucha inspiración a Cristóbal.
7. Al ver América, Cristóbal gritó: "Tierra, tierra, tierra".

## *Hablemos*

1. Cristóbal Colón nació en Italia.
2. Vivió gran parte de su vida en España.
3. Colón descubrió América en mil cuatrocientos noventa y dos.
4. Vivimos en Madrid el año pasado.
5. Descubrieron una isla.
6. Salí de París.

## Preguntas y respuestas
1. ¿Viviste en España el año pasado?
2. ¿Salieron ustedes?
3. ¿Naciste en Italia?
4. ¿Subieron ustedes montañas?
5. ¿Descubrieron ustedes oro?
6. ¿Descubriste América?

## Teatro-En grupos de tres
OPEN ANSWER

## Examencito Escrito
Escribe en español
OPEN ANSWER

## Contesta en español
1. Cristóbal Colón nació en Italia.
2. Vivió gran parte de su vida en España.
3. La Reina Isabel le dio dinero para hacerel viagea América.
4. Su pájaro se llamó Linda.
5. Al ver América, Cristóbal gritó "¡Tierra, tierra, tierra!"

## Traduce al español
1. Nací en Italia.
2. Colón vivió gran parte de su vida en España.
3. Salieron de España.
4. Descubrí la isla.
5. Colón descubrió América.

Answers by Sue Ann Thompson

Speaking Activities For Any Day of the Week

# Love Tom Alsop Supplementals!

## Order these other ALSOP items today!
## Dial 1.800.TEACHER

**Books for World Language Teachers:**
59 IDEAS: The Brainstorming Guide for New World Language Teachers

**Books for French Teachers:**
101 Ideas for French Club
44+ Internet French Lessons
Exploratory French for Middle School

**Games for French Teachers:**
Jeux des Mimes

**Books for German Teachers:**
44+ Internet German Lessons
Exploratory German for Middle School

**Books for Spanish Teachers:**
101 Ideas para un pollo de goma
125 Oral Activities for Level One Spanish
130 Oral Activities for Intermediate-Advanced Spanish
44+ Internet Spanish Lessons
Classy Class Closers for Spanish Class
Exploratory Spanish for Middle School
High School Internet Scavenger Hunt Game Book
Internet Holiday Lesson Ideas
Las Aventuras de Los Monstruos
Learn Spanish Grammar with a Dozen Over-Rated Celebrities
Los Jóvenes de Tequisquiapan

Middle School Internet Scavenger Hunt Game Book
Speaking Activities for any Day of the Week
Toon Chatter Speaking Activities
Working in Pairs
Juegos de Skim y Scan

**Posters with Activity Books for Spanish Teachers:**
Famous People of Spain
Global Shopping
Ni un día sin poesía
Profesiones de México
Road Trip Through Spain

**Videos for Spanish Teachers:**
Navidad en España
Verbolandia

**Games and Game Books for Spanish Teachers:**
Juegos de Mímica
Tic-Tac-Toe Games

---

We hope that you enjoy this book and other materials produced by Teacher's Discovery®. If you do not yet have a copy of the latest TD catalog, please dial 1.800.TEACHER today or visit the website at: www.teachersdiscovery.com.
Order by phone, fax, mail or online.

ALSOP

©2005 Teacher's Discovery, Inc.   www.teachersdiscovery.com